el colegio - Szkoła 2
el viaje - Podróż 5
el transporte - Transport 8
la ciudad - Miasto 10
el paisaje - Krajobraz 14
el restaurante - Restauracja 17
el supermercado - Supermarket 20
las bebidas - Napoje 22
la comida - Jedzenie 23
la granja - Gospodarstwo chłopskie 27
la casa - Dom 31
el living - Pokój dzienny 33
la cocina - Kuchnia 35
el baño - Łazienka 38
el cuarto de los chicos - Pokój dziecięcy 42
la ropa - Ubiór 44
la oficina - Biuro 49
la economía - Gospodarka 51
las ocupaciones - Zawody 53
las herramientas - Narzędzia 56
los instrumentos musicales - Instrumenty muzyczne 57
el zoológico - Zoo 59
los deportes - Sport 62
las actividades - Działania 63
la familia - Rodzina 67
el cuerpo - Ciało 68
el hospital - Szpital 72
la emergencia - Nagły przypadek 76
la Tierra - Ziemia 77
el reloj - Zegar 79
la semana - Tydzień 80
el año - Rok 81
las formas - Kształty 83
colores - Kolory 84
los opuestos - Przeciwieństwa 85
los números - Liczby 88
los idiomas - Języki 90
quién / qué / cómo - kto / co / jak 91
dónde - gdzie 92

AF193992

Impressum
Verlag: BABADADA GmbH, Nedderfeld 112 , 22529 Hamburg
Geschäftsführer / Verlagsleitung: Harald Hof
Druck: Books on Demand GmbH, In de Tarpen 42, 22848 Norderstedt

Imprint
Publisher: BABADADA GmbH, Nedderfeld 112 , 22529 Hamburg, Germany
Managing Director / Publishing direction: Harald Hof
Print: Books on Demand GmbH, In de Tarpen 42, 22848 Norderstedt

el colegio
Szkoła

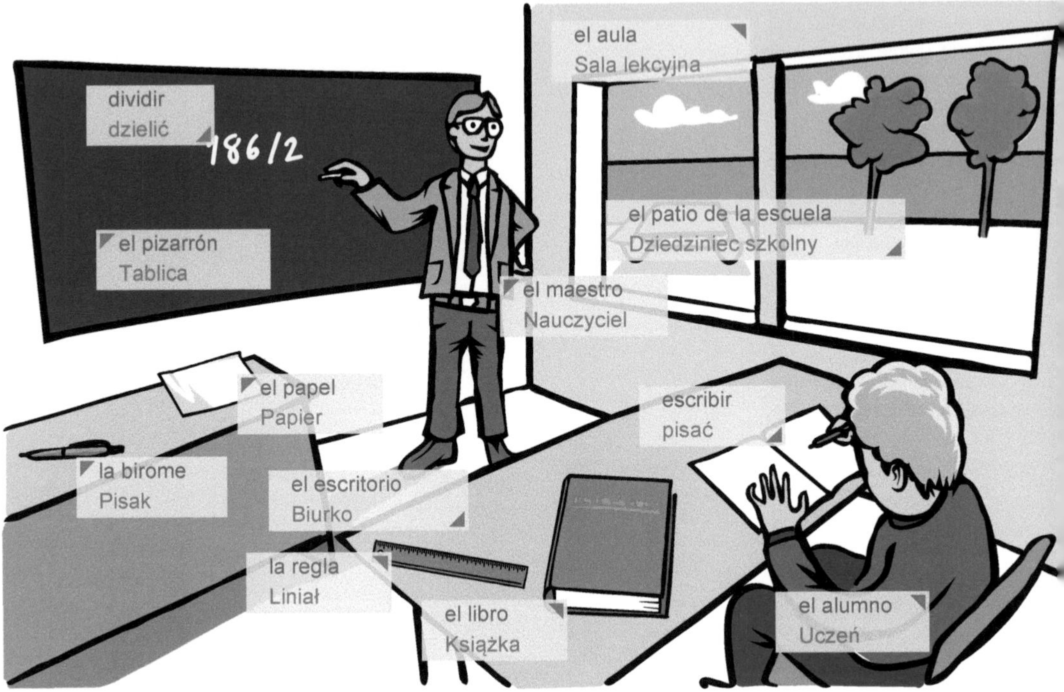
el aula
Sala lekcyjna
dividir
dzielić
186/2
el pizarrón
Tablica
el patio de la escuela
Dziedziniec szkolny
el maestro
Nauczyciel
el papel
Papier
escribir
pisać
la birome
Pisak
el escritorio
Biurko
la regla
Liniał
el libro
Książka
el alumno
Uczeń

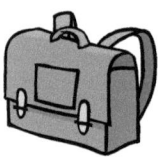

la mochila

Plecak szkolny

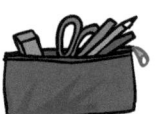

la caja de lápices

Piórnik

el lápiz

Ołówek

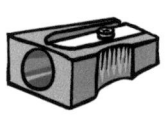

el sacapuntas

Temperówka

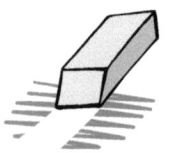

la goma (de borrar)

Gumka do mazania

el bloc de dibujo

Blok rysunkowy

el dibujo

Rysunek

el pincel

Pędzel

la caja de pinturas

Pudełko z akwarelami

la tijera

Nożyce

el pegamento

Klej

el cuaderno de ejercicios

Książka do ćwiczenia

la tarea

Zadanie domowe

12

el número

Liczba

2+2

sumar

dodawać

5-2

restar

odejmować

2×2

multiplicar

mnożyć

calcular

liczyć

A

la letra

Litera

ABCDEFG
HIJKLMN
OPQRSTU
VWXYZ

el abecedario

Alfabet

hello

la palabra

Słowo

el texto

Tekst

leer

czytać

la tiza

Kreda

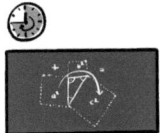

la lección

Godzina

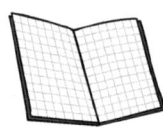

el cuaderno de clase

Dziennik lekcyjny

el examen

Egzamin

el certificado

Świadectwo

el uniforme escolar

Mundurek szkolny

la educación

Wykształcenie

la enciclopedia

Leksykon

la universidad

Uniwersytet

el microscopio

Mikroskop

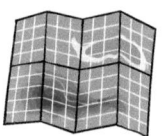

el mapa

Mapa

el tacho (de basura)

Kosz na odpadki

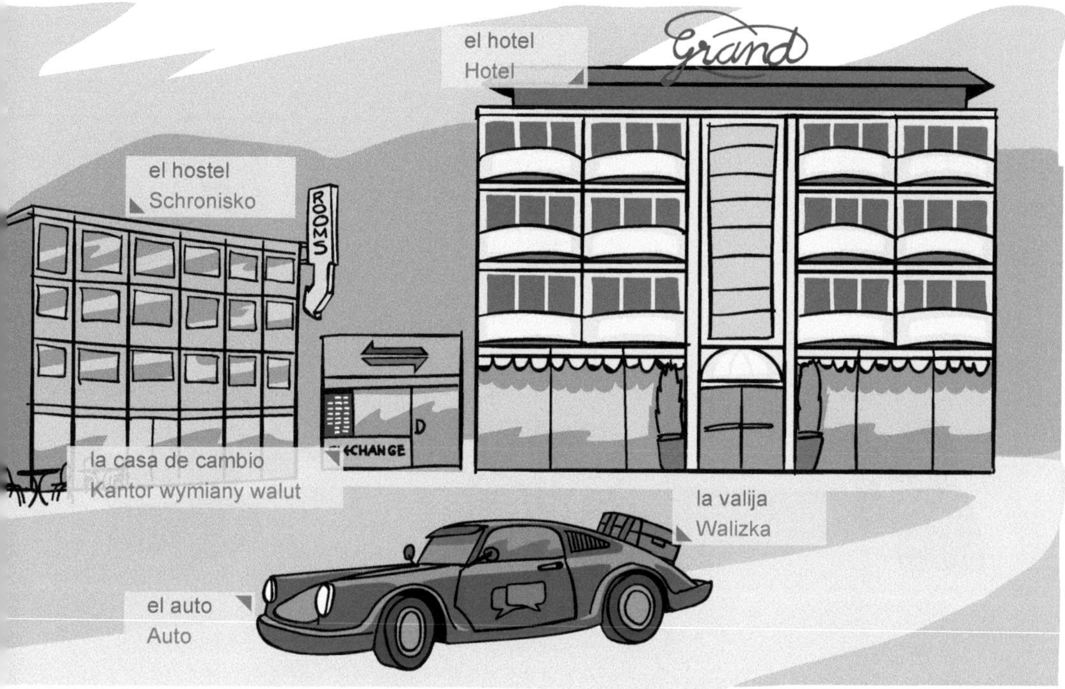

el hotel
Hotel
Grand
el hostel
Schronisko
ROOMS
la casa de cambio
Kantor wymiany walut
la valija
Walizka
el auto
Auto

el idioma

Język

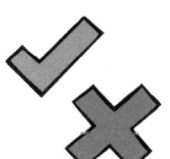

sí / no

tak / nie

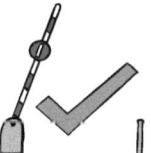

Está bien

OK

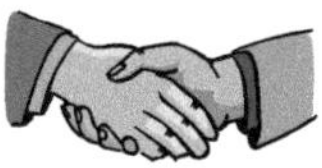

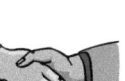

hola

Halo

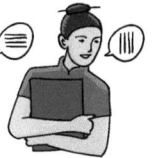

el traductor

Tłumacz

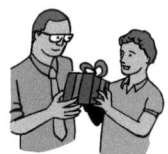

Gracias

Dziękuję

¿cuánto cuesta…?

Ile kosztuje …?

No entiendo

Nie rozumiem

el problema

Problem

¡Buenas tardes!

Dobry wieczór!

¡Buenos días!

Dzień dobry!

¡Buenas noches!

Dobranoc!

el adiós

Do widzenia

la dirección

Kierunek

el equipaje

Bagaż

el bolso

Torba

la mochila

Plecak

el invitado

Gość

la habitación

Pokój

la bolsa de dormir

Śpiwór

la carpa

Namiot

la información turística

Informacja turystyczna

la playa

Plaża

la tarjeta de crédito

Karta kredytowa

el desayuno

Śniadanie

el almuerzo

Obiad

la cena

Kolacja

el pasaje

Bilet

el ascensor

Winda

el sello

Znaczek na list

la frontera

Granica

la aduana

Cło

la embajada

Ambasada

la visa

Wiza

el pasaporte

Paszport

el transporte
Transport

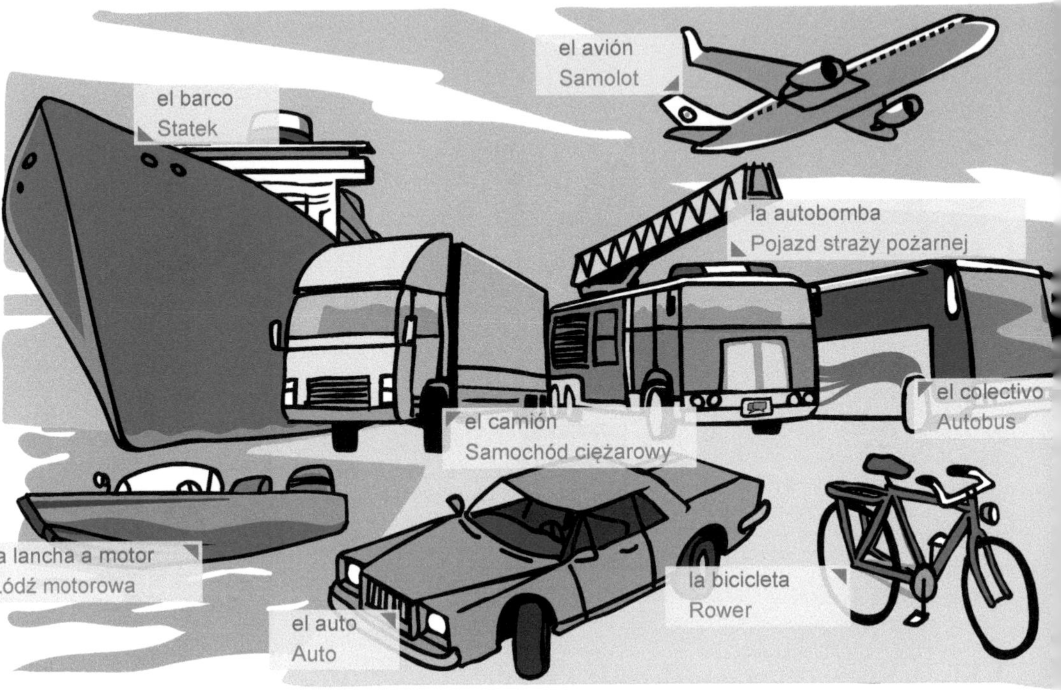
el avión
Samolot
el barco
Statek
la autobomba
Pojazd straży pożarnej
el colectivo
Autobus
el camión
Samochód ciężarowy
la lancha a motor
Łódź motorowa
la bicicleta
Rower
el auto
Auto

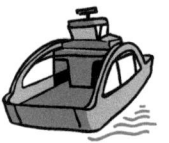

el ferry

Prom

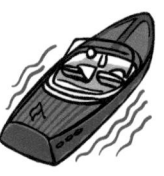

el bote

Łódź

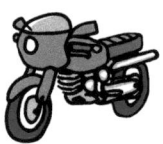

la moto

Motocykl

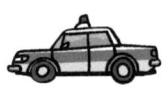

el patrullero

Radiowóz policyjny

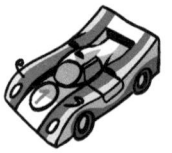

el auto de carreras

Samochód wyścigowy

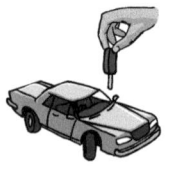

el auto de alquiler

Samochód wypożyczony

el alquiler de autos

Wspólne przejazdy
samochodem

la grúa

Samochód pomocy
drogowej

el camión de la basura

Śmieciarka

el motor

Silnik

la nafta

Benzyna

la estación de servicio

Stacja benzynowa

la señal de tránsito

Znak drogowy

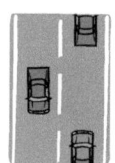

el tránsito

Ruch

el embotellamiento

Korek

el estacionamiento

Parking

la estación de tren

Dworzec

las vías

Szyny

el tren

Pociąg

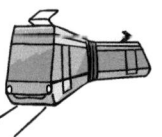

el tranvía

Tramwaj

el vagón

Wagon

el helicóptero

Helikopter

el aeropuerto

Lotnisko

la torre

Wieża

el pasajero

Pasażer

el contenedor

Kontener

la caja de cartón

Karton

la carretilla

Taczka

la canasta

Kosz

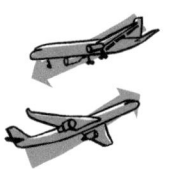

despegar / aterrizar

startować / lądować

la ciudad

Miasto

el pueblo

Wieś

el centro de la ciudad

Centrum miasta

la casa

Dom

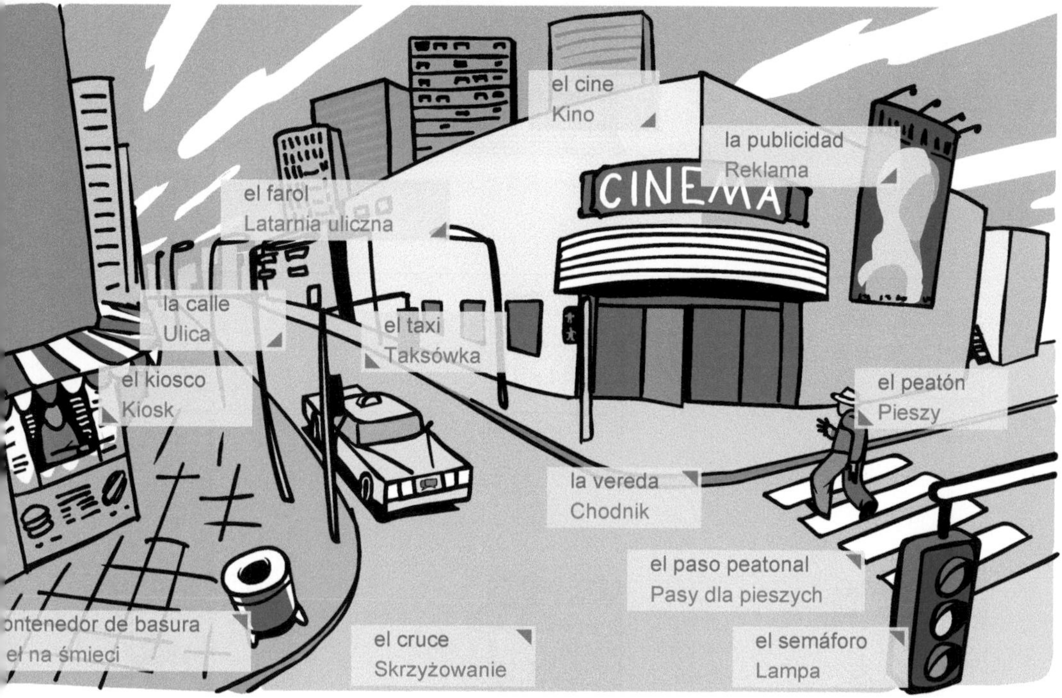

el cine
Kino
la publicidad
Reklama
CINEMA
el farol
Latarnia uliczna
la calle
Ulica
el taxi
Taksówka
el kiosco
Kiosk
el peatón
Pieszy
la vereda
Chodnik
el paso peatonal
Pasy dla pieszych
ontenedor de basura
eł na śmieci
el cruce
Skrzyżowanie
el semáforo
Lampa

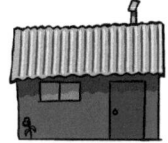

la cabaña

Chata

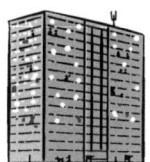

el departamento

Mieszkanie

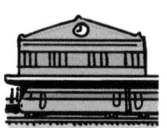

la estación de tren

Dworzec

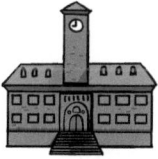

la municipalidad

Ratusz

MUSEUM

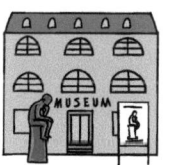

el museo

Muzeum

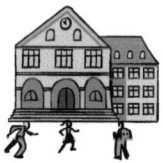

el colegio

Szkoła

la universidad
Uniwersytet

el banco
Bank

el hospital
Szpital

el hotel
Hotel

la farmacia
Apteka

la oficina
Biuro

la librería
Księgarnia

el negocio
Sklep

la florería
Kwiaciarnia

el supermercado
Supermarket

el mercado
Rynek

las grandes tiendas
Dom towarowy

la pescadería
Sklep z rybami

el centro comercial
Centrum handlowe

el puerto
Port

la ciudad - Miasto

el parque

Park

el banco

Ławka

el puente

Most

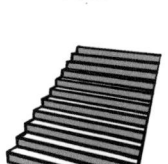

las escaleras

Schody

el subte

Metro

el túnel

Tunel

la parada del colectivo

Przystanek autobusowy

el bar

Bar

el restaurante

Restauracja

el buzón

Skrzynka na listy

el letrero

Tabliczka z nazwą ulicy

el parquímetro

Parkometr

el zoológico

Zoo

la pileta

Łaźnia

la mezquita

Meczet

la granja

Gospodarstwo chłopskie

la contaminación

Zanieczyszczenie
środowiska

el cementerio

Cmentarz

la iglesia

Kościół

los juegos infantiles

Plac zabaw

el templo

Świątynia

el paisaje

Krajobraz

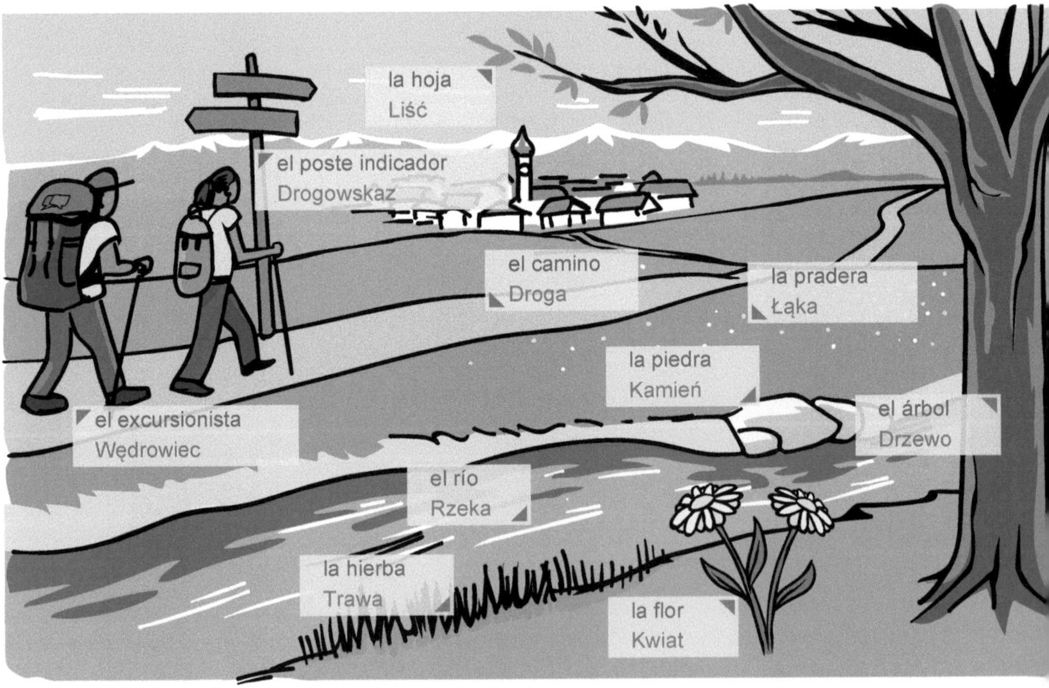

la hoja
Liść

el poste indicador
Drogowskaz

el camino
Droga

la pradera
Łąka

la piedra
Kamień

el árbol
Drzewo

el excursionista
Wędrowiec

el río
Rzeka

la hierba
Trawa

la flor
Kwiat

el valle

Dolina

la montaña

Góra

el lago

Jezioro

el bosque

Las

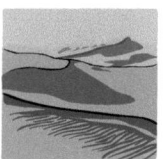

el desierto

Pustynia

el volcán

Wulkan

el castillo

Zamek

el arco iris

Tęcza

el champiñón

Grzyb

la palmera

Palma

el mosquito

Komar

la mosca

Mucha

la hormiga

Mrówka

la abeja

Pszczoła

la araña

Pająk

el escarabajo

Chrząszcz

la rana

Żaba

la ardilla

Wiewiórka

el erizo

Jeż

la liebre

Zając

la lechuza

Sowa

el pájaro

Ptak

el cisne

Łabędź

el jabalí

Dzik

el ciervo

Jeleń

el alce

Łoś

la presa

Tama

el aerogenerador

Wiatrak

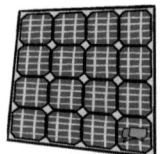

el panel solar

Moduł solarny

el clima

Klimat

el restaurante
Restauracja

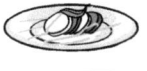

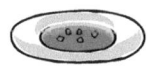

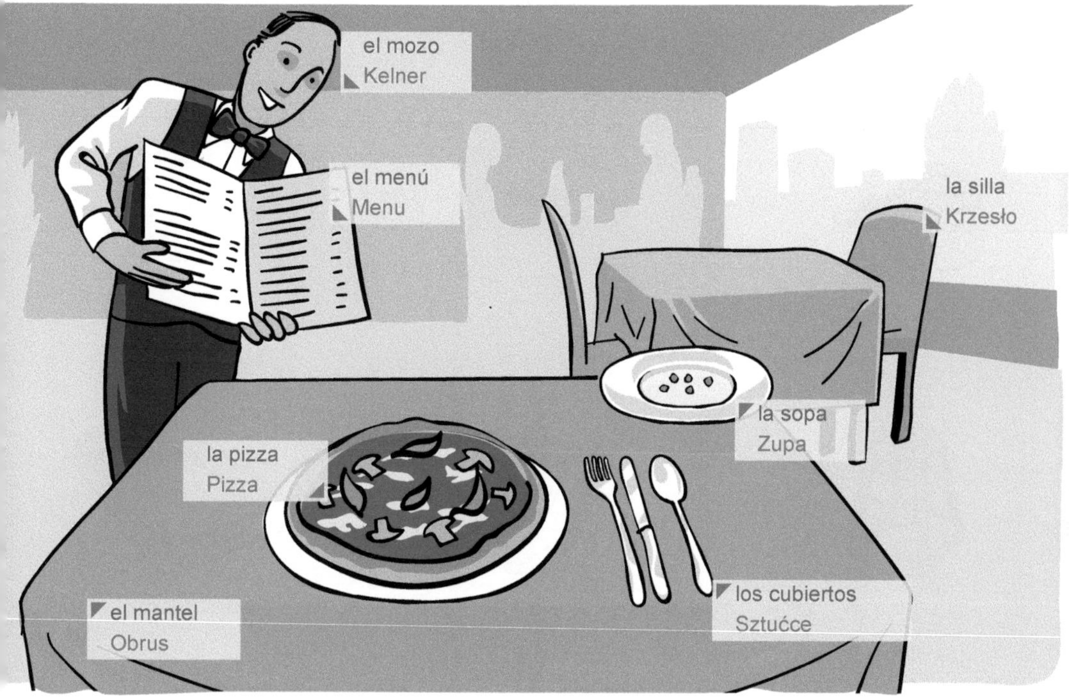
el mozo
Kelner
el menú
Menu
la silla
Krzesło
la sopa
Zupa
la pizza
Pizza
los cubiertos
Sztućce
el mantel
Obrus

la entrada

Przystawka

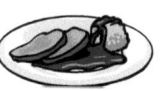

el plato principal

Danie główne

el postre

Deser

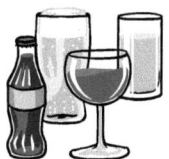

las bebidas

Napoje

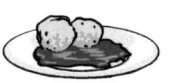

la comida

Jedzenie

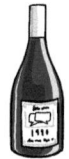

la botella

Butelka

la comida rápida

Fastfood

la comida callejera

Streetfood

la tetera

Dzbanek na herbatę

la azucarera

Cukierniczka

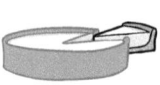

la porción

Porcja

la cafetera expreso

Zaparzarka do espresso

la sillita alta

Krzesło dla dziecka

la cuenta

Rachunek

la bandeja

Taca

el cuchillo

Noż

el tenedor

Widelec

la cuchara

Łyżka

la cucharita

Łyżeczka

la servilleta

Serwetka

el vaso

Szklanka

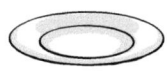

el plato

Talerz

el plato hondo

Talerz do zupy

el plato

Podstawek pod filiżankę

la salsa

Sos

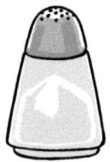

el salero

Solniczka

el molinillo de pimienta

Młynek do pieprzu

el vinagre

Ocet

el aceite

Olej

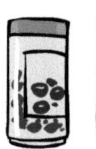

las especias

Przyprawy

el kétchup

Keczup

la mostaza

Musztarda

la mayonesa

Majonez

el supermercado
Supermarket

la oferta especial
Oferta
FOR
el cliente
Klient
los lácteos
Produkty mleczne
la fruta
Owoce
el changuito
Wózek sklepowy

BUTCHERS

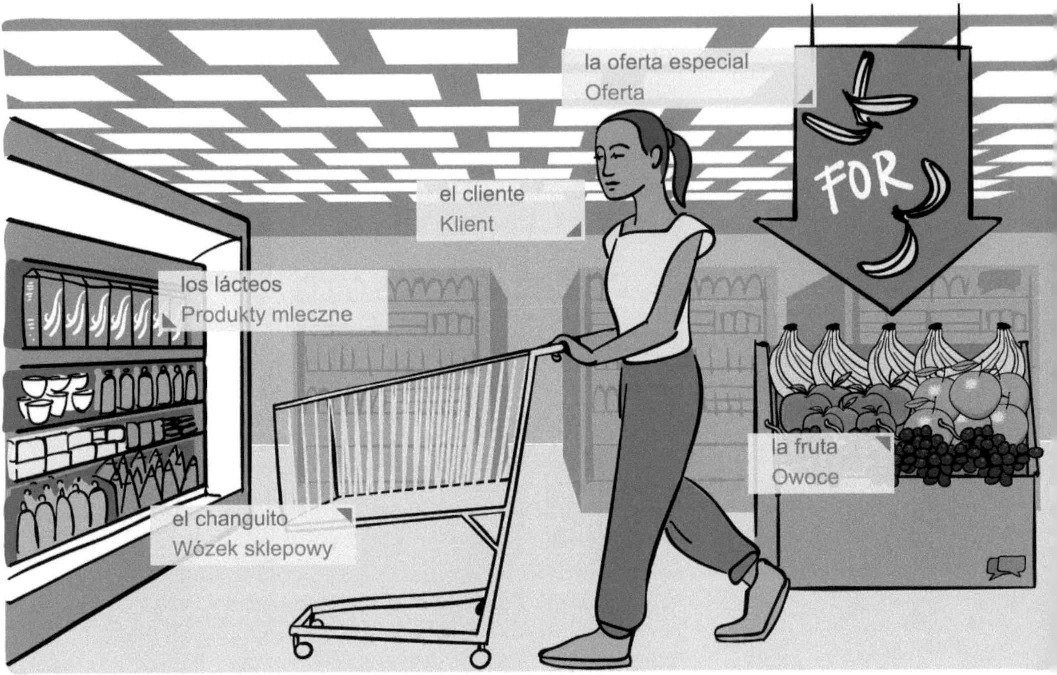

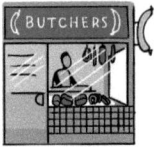

la carnicería

Rzeźnia

BAKERY

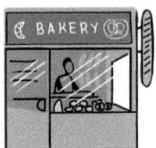

la panadería

Piekarnia

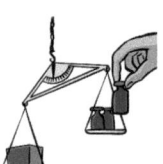

pesar

ważyć

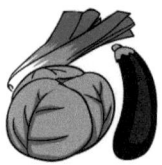

las verduras

Warzywa

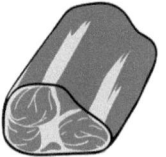

la carne

Mięso

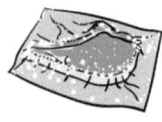

los alimentos congelados

Mrożonki

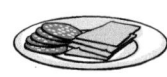
los fiambres
Wędliny

los alimentos enlatados
Konserwy

el detergente en polvo
Proszek m do prania

las golosinas
Słodycze

los electrodomésticos
Artykuły użytku domowego

los productos de limpieza
Środek czyszczący

la vendedora
Sprzedawczyni

la caja
Kasa

el cajero
Kasjer

la lista de compras
Lista zakupów

el horario de atención
Godziny otwarcia

la billetera
Portfel

la tarjeta de crédito
Karta kredytowa

la cartera
Torba

la bolsa de plástico
Torebka plastikowa

Napoje

el agua

Woda

el jugo

Sok

la leche

Mleko

la bebida cola

Cola

el vino

Wino

la cerveza

Piwo

el alcohol

Alkohol

el cacao

Kakao

el té

Herbata

el café

Kawa

el café expreso

Espresso

el cappuccino

Cappuccino

la banana

Banan

la manzana

Jabłko

la naranja

Pomarańcza

el melón

Arbuz

el limón

Cytryna

la zanahoria

Marchew

el ajo

Czosnek

el bambú

Bambus

la cebolla

Cebula

el champiñón

Grzyb

las nueces

Orzechy

los fideos

Makaron

los tallarines

Spaghetti

el arroz

Ryż

la ensalada

Sałatka

las papas fritas

Frytki

las papas fritas

Ziemniaki pieczone

la pizza

Pizza

la hamburguesa

Hamburger

el sándwich

Kanapka

el churrasco

Sznycel

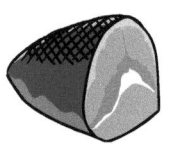

el jamón

Szynka

el salame

Salami

la salchicha

Kiełbasa

el pollo

Kura

el asado

Pieczeń

el pescado

Ryba

los copos de avena
Płatki owsiane

el muesli
Musli

los copos de maíz
Płatki kukurydziane

la harina
Mąka

la medialuna
Croissant

el pancito
Bułka

el pan
Chleb

la tostada
Toast

las galletitas
Ciastka

la manteca
Masło

la cuajada
Twarożek

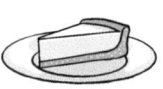

la torta
Ciasto

el huevo
Jajko

el huevo frito
Jajko sadzone

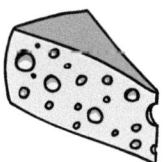

el queso
Ser

el helado

Lody

el azúcar

Cukier

la miel

Miód

la mermelada

Marmolada

la pasta de chocolate

Krem nugatowy

el curry

Curry

la granja
Gospodarstwo chłopskie

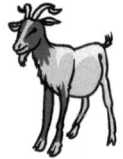

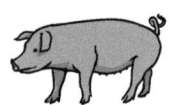

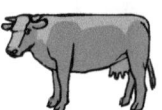

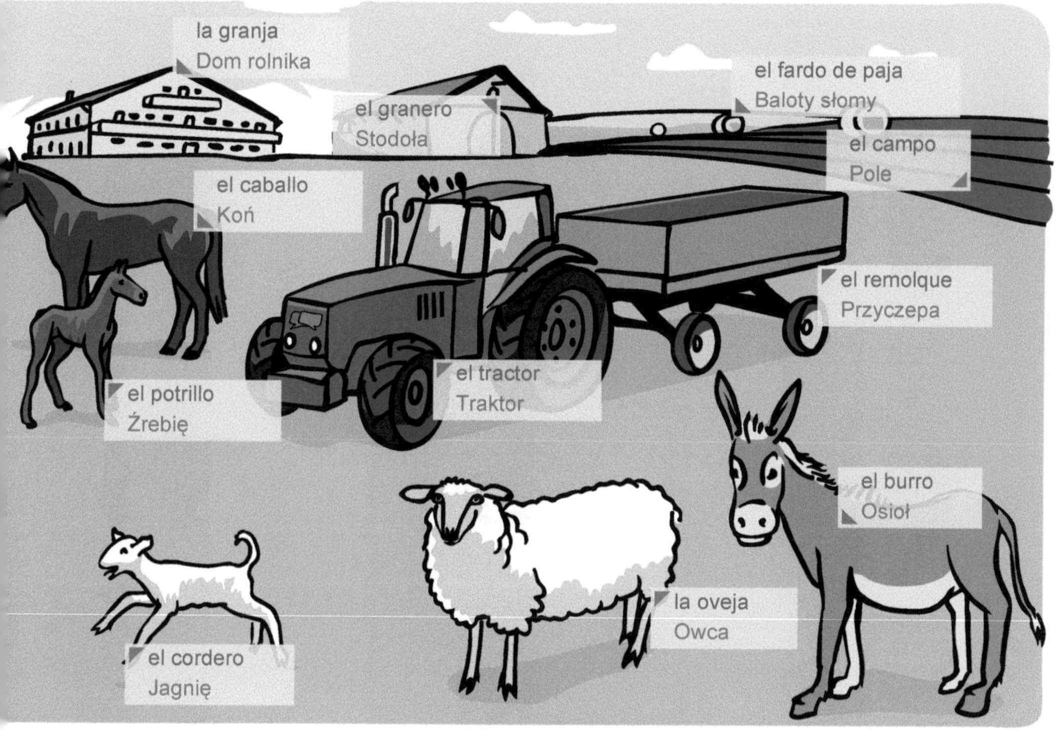
la granja
Dom rolnika
el granero
Stodoła
el fardo de paja
Baloty słomy
el campo
Pole
el caballo
Koń
el remolque
Przyczepa
el tractor
Traktor
el potrillo
Źrebię
el burro
Osioł
la oveja
Owca
el cordero
Jagnię

la cabra

Koza

la vaca

Krowa

el ternero

Cielę

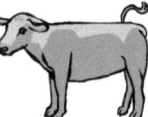

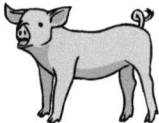

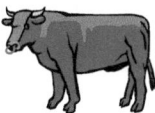

el cerdo

Świnia

el lechón

Prosię

el toro

Byk

el ganso

Gęś

el pato

Kaczka

el pollo

Kurczątko

la gallina

Kura

el gallo

Kogut

la rata

Szczur

el gato

Kot

el ratón

Mysz

el buey

Osioł

el perro

Pies

la cucha

Buda dla psa

la manguera

Wąż ogrodowy

la regadera

Konewka

la guadaña

Kosa

el arado

Pług

la hoz

Sierp

la azada

Graca

la horquilla

Widły

el hacha

Siekiera

la carretilla

Taczka

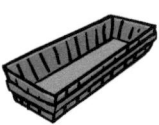

el abrevadero

Koryto

la lechera

Kanka na mleko

la bolsa

Worek

la reja

Płot

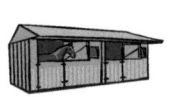

el establo

Stajnia

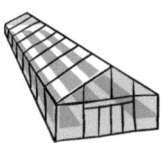

el invernadero

Szklarnia

el suelo

Ziemia

la semilla

Nasiona

el fertilizador

Nawóz

la cosechadora

Kombajn zbożowy

cosechar

zbierać

la cosecha

Żniwa

las batatas

Podchrzyn

el trigo

Pszenica

la soja

Soja

la papa

Ziemniak

el maíz

Kukurydza

la semilla de colza

Rzepak

el árbol frutal

Drzewo owocowe

la mandioca

Maniok

los cereales

Zboże

la casa
Dom

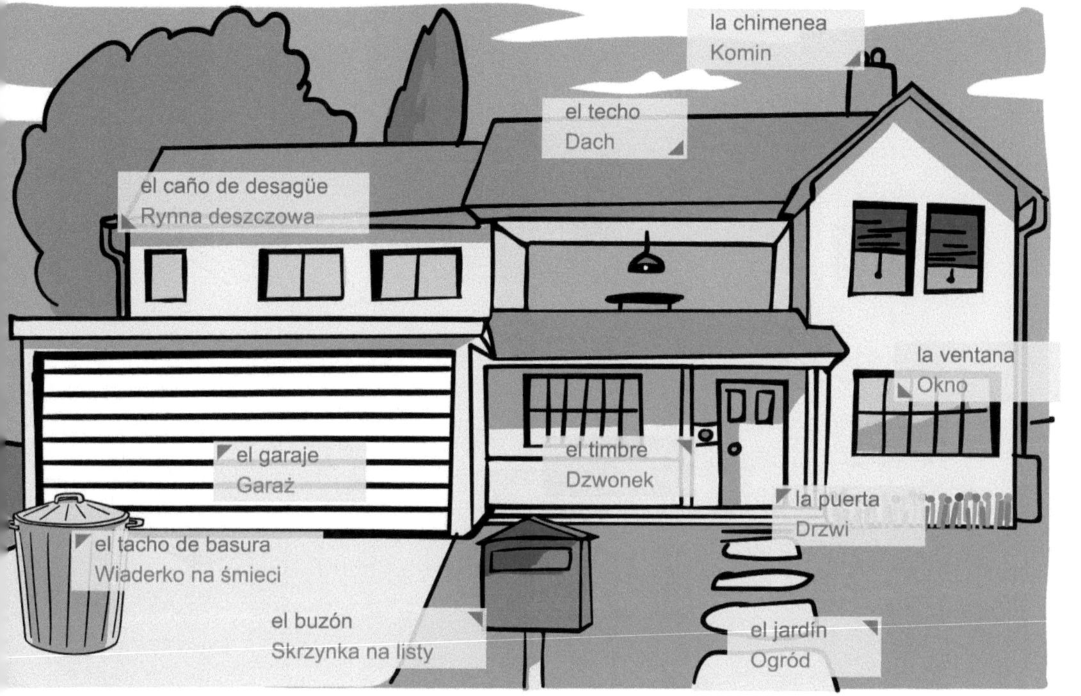
la chimenea
Komin
el techo
Dach
el caño de desagüe
Rynna deszczowa
la ventana
Okno
el garaje
Garaż
el timbre
Dzwonek
la puerta
Drzwi
el tacho de basura
Wiaderko na śmieci
el buzón
Skrzynka na listy
el jardín
Ogród

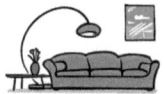

el living

Pokój dzienny

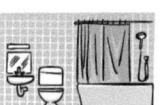

el baño

Łazienka

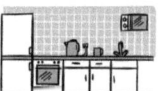

la cocina

Kuchnia

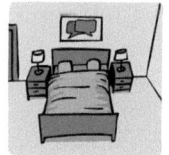

el dormitorio

Sypialnia

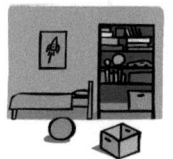

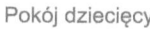

el cuarto de los chicos

Pokój dziecięcy

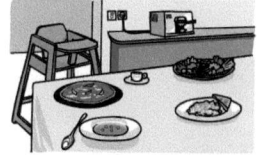

el comedor

Jadalnia

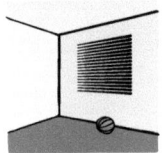

el piso

Ziemia

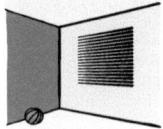

la pared

Ściana

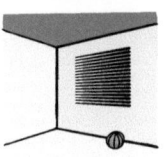

el cielorraso

Koc

el sótano

Piwnica

el sauna

Sauna

el balcón

Balkon

la terraza

Taras

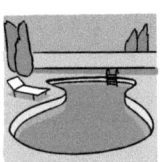

la pileta

Basen

la cortadora de pasto

Kosiarka do trawy

la sábana

Poszwa

el acolchado

Kołdra

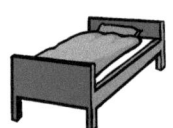

la cama

Łóżko

la escoba

Miotła

el balde

Wiadro

el interruptor

Włącznik

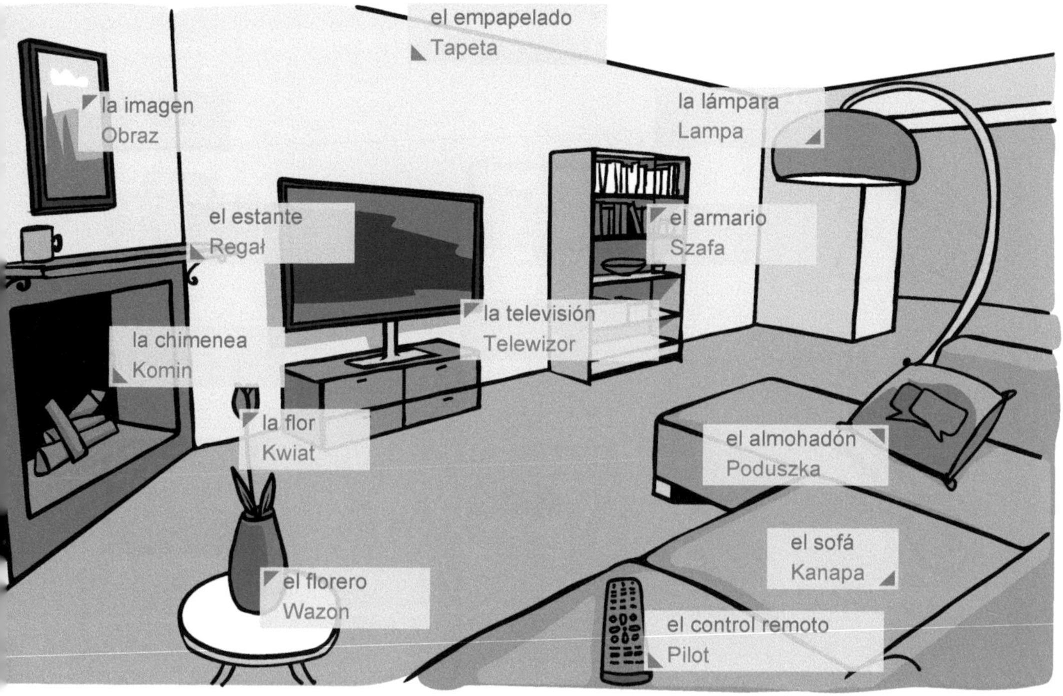

el empapelado
Tapeta

la imagen
Obraz

la lámpara
Lampa

el estante
Regał

el armario
Szafa

la chimenea
Komin

la televisión
Telewizor

la flor
Kwiat

el almohadón
Poduszka

el sofá
Kanapa

el florero
Wazon

el control remoto
Pilot

la alfombra
Dywan

la cortina
Zasłona

la mesa
Stół

la silla
Krzesło

la mecedora
Bujak

el sillón
Fotel

el libro

Książka

la frazada

Sufit

la decoración

Dekoracja

la leña

Drewno kominkowe

la película

Film

el equipo de música

Instalacja stereo

la llave

Klucz

el diario

Gazeta

la pintura

Malunek

el póster

Plakat

la radio

Radio

el cuaderno

Notatnik

la aspiradora

Odkurzacz

el cactus

Kaktus

la vela

Świeczka

la cocina
Kuchnia

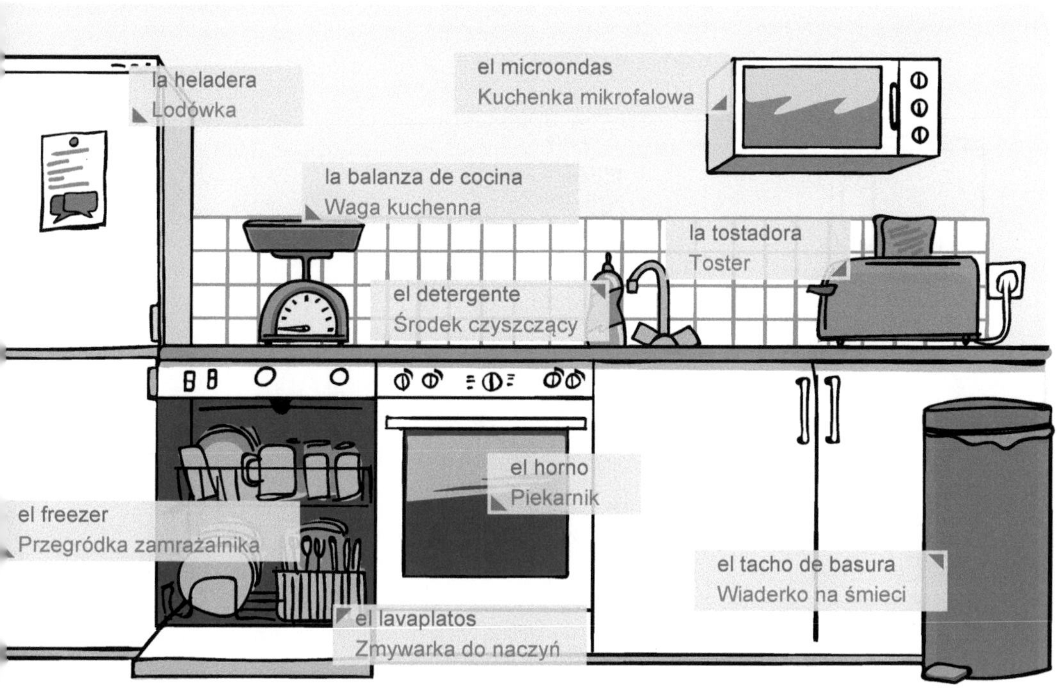

la heladera
Lodówka
el microondas
Kuchenka mikrofalowa
la balanza de cocina
Waga kuchenna
la tostadora
Toster
el detergente
Środek czyszczący
el horno
Piekarnik
el freezer
Przegródka zamrażalnika
el tacho de basura
Wiaderko na śmieci
el lavaplatos
Zmywarka do naczyń

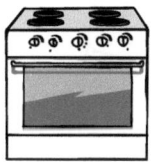

la cocina

Kuchenka

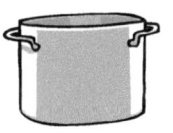

la olla

Garnek

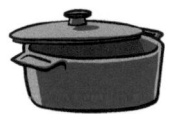

la olla de hierro fundido

Kocioł żeliwny

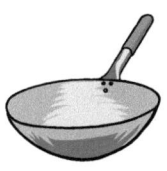

el wok

Wok / Kadai

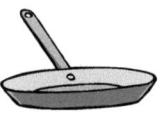

la sartén

Patelnia

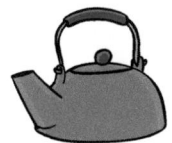

la pava

Czajnik

la vaporera

Parowar

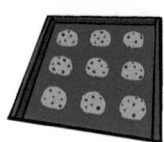

la bandeja de horno

Blacha do pieczenia

la vajilla

Naczynia kuchenne

la taza

Kubek

el bol

Miska

los palitos

Pałeczki

el cucharón

Nabierka

la espátula

Łopatka do smażenia

la batidora

Trzepaczka do śmietany

el colador

Cedzak

el colador

Sitko

el rallador

Tarka

el mortero

Moździerz

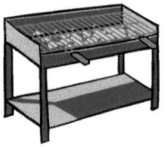

la parrilla

Grillowanie

la fogata

Palenisko

la tabla de picar

Deska

el palo de amasar

Wałek do ciasta

el sacacorchos

Korkociąg

la lata

Puszka

el abrelatas

Otwieracz do puszek

la manopla

Ściereczka do trzymania garnka

la pileta

Umywalka

el cepillo

Szczotka

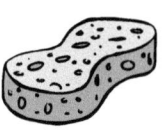

la esponja

Gąbka

la batidora

Mikser

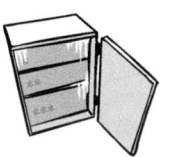

el congelador

Zamrażarka

la mamadera

Butelka dla niemowlęcia

la canilla

Kran

el baño
Łazienka

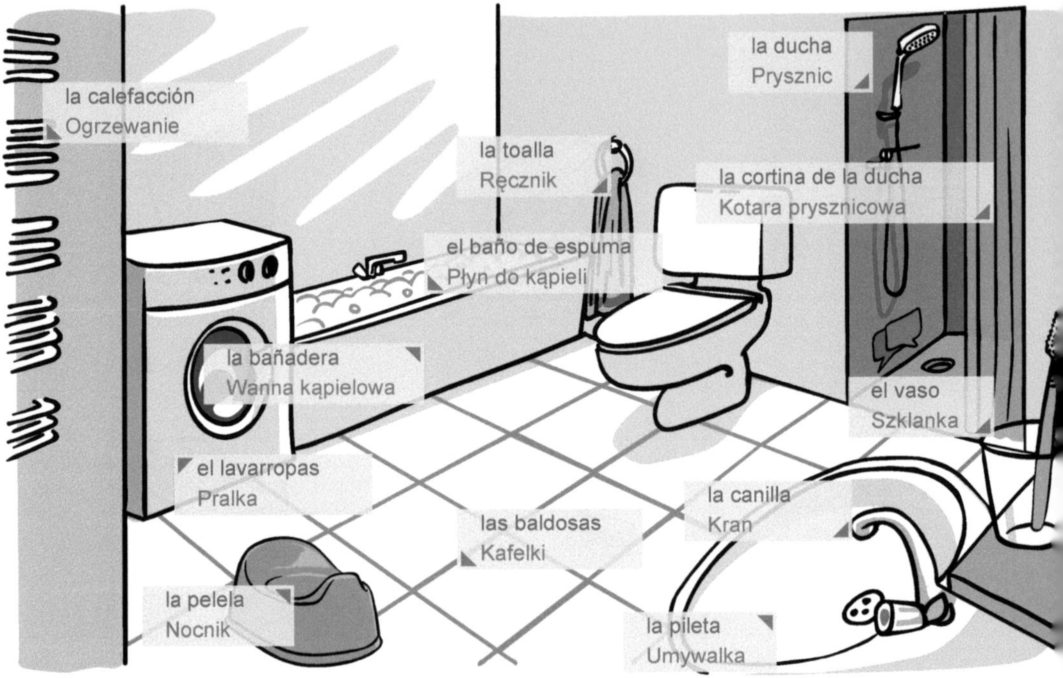

la calefacción
Ogrzewanie
la toalla
Ręcznik
la ducha
Prysznic
la cortina de la ducha
Kotara prysznicowa
el baño de espuma
Płyn do kąpieli
la bañadera
Wanna kąpielowa
el vaso
Szklanka
el lavarropas
Pralka
la canilla
Kran
las baldosas
Kafelki
la pelela
Nocnik
la pileta
Umywalka

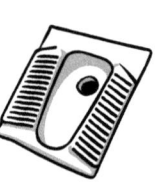

el inodoro

Toaleta

la letrina

Toaleta kuczna

el bidé

Bidet

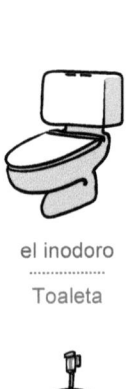

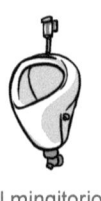

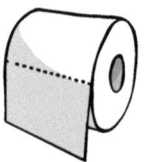

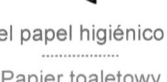

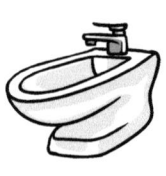

el mingitorio

Pisuar

el papel higiénico

Papier toaletowy

el cepillo para el inodoro

Szczotka toaletowa

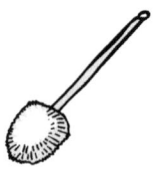

el cepillo de dientes

Szczoteczka do zębów

el dentífrico

Pasta do zębów

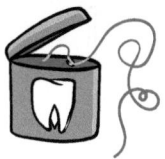

el hilo dental

Nitki do czyszczenia zębów

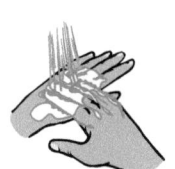

lavar

myć

la ducha de mano

Głowica prysznicowa

la ducha higiénica

Płyn kąpielowy do higieny intymnej

la palangana

Miska do mycia

el cepillo para la espalda

Szczotka kąpielowa

el jabón

Mydło

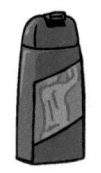

el gel de ducha

Żel prysznicowy

el shampoo

Szampon

la toallita

Rękawica kąpielowa

el desagüe

Odpływ

la crema

Krem

el desodorante

Dezodorant

el espejo

Lustro

el espejito

Lustro kosmetyczne

la maquinita de afeitar

Golarka

la espuma de afeitar

Pianka do golenia

el aftershave

Woda po goleniu

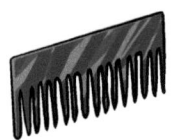

el peine

Grzebień

el cepillo

Szczotka

el secador de pelo

Suszarka do włosów

el spray

Spray do włosów

el maquillaje

Makijaż

el lápiz de labios

Pomadka

el esmalte para uñas

Lakier do paznokci

el algodón

Wata

la tijera para uñas

Nożyczki do paznokci

el perfume

Perfum

el portacosméticos

Kosmetyczka

la banqueta

Taboret

la balanza

Waga

la bata

Szlafrok kąpielowy

los guantes de goma

Rękawice gumowe

el tampón

Tampon

la toallita femenina

Podpaska damska

el baño químico

Toaleta chemiczna

el cuarto de los chicos

Pokój dziecięcy

el despertador
Budzik
el peluche
Pluszowa przytulanka
el coche de juguete
Samochodzik
el sonajero
Grzechotka
la casa de muñecas
Domek dla lalek
el regalo
Prezent

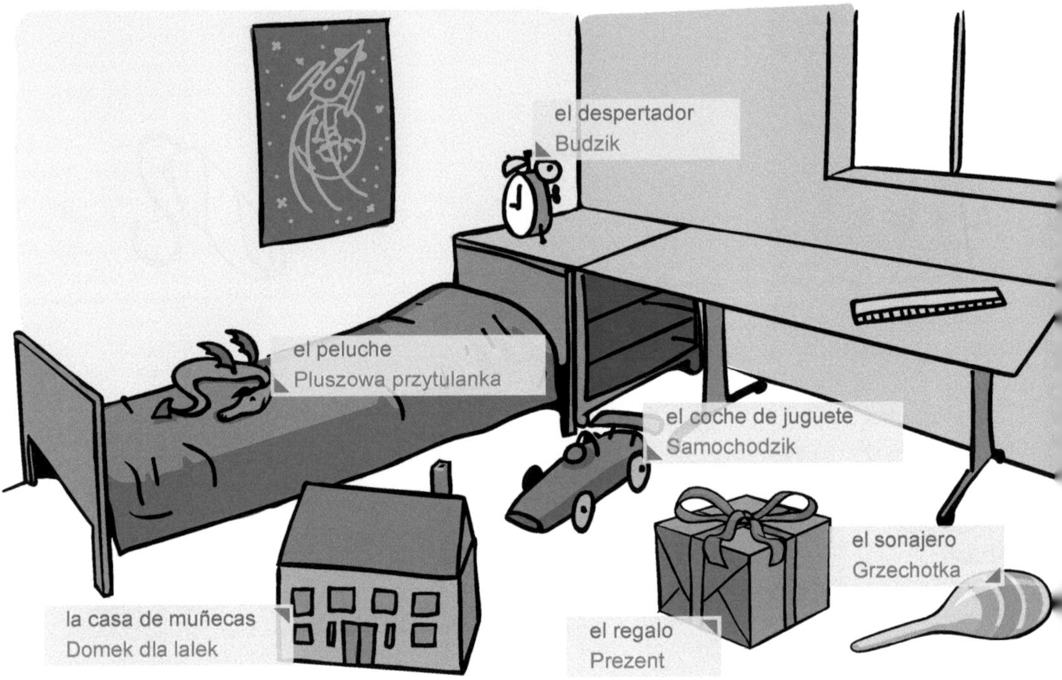

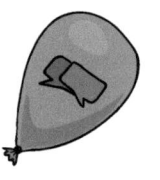

el globo

Balon

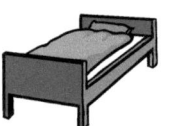

la cama

Łóżko

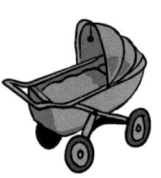

el cochecito

Wózek dziecięcy

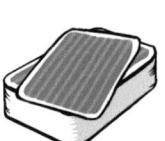

las cartas

Gra w karty

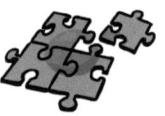

el rompecabezas

Puzzle

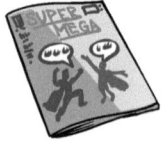

la historieta

Komiks

las piezas de lego

Klocki lego

los ladrillos de juguete

Klocki

la figura de acción

Action figura

el enterito (de bebé)

Śpioszek dziecięcy

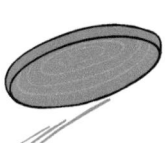

el frisbee

Frisbee

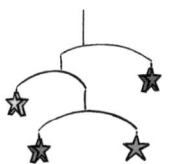

el móvil para bebés

Zabawki ruchome

el juego de mesa

Gra planszowa

los dados

Kości

el tren eléctrico

Kolejka elektryczna

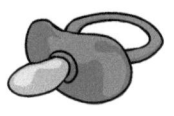

el chupete

Smoczek

la fiesta

Przyjęcie

el libro de cuentos ilustrado

Książka z ilustracjami

la pelota

Piłka

la muñeca

Lalka

jugar

bawić się

el arenero

Piaskownica

la hamaca

Huśtawka

los juguetes

Zabawki

la consola de videojuegos

Konsola do gier

el triciclo

Rowerek trójkołowy

el osito de peluche

Pluszowy miś

el armario

Szafa ubraniowa

la ropa

Ubiór

las medias

Skarpety

las medias panty

Pończochy

las calzas

Rajstopy

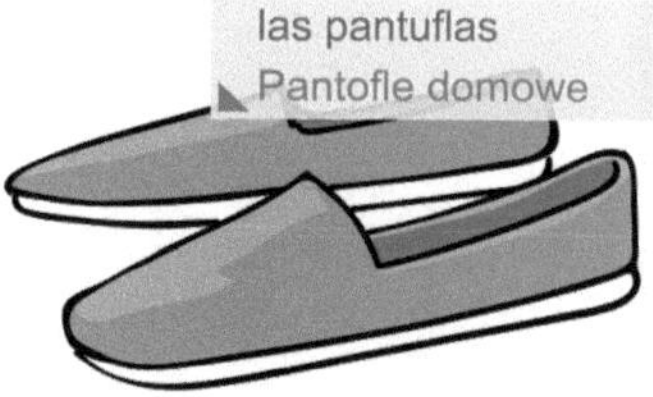

la bufanda
Szal

el paraguas
Parasol

la remera
T-Shirt

el cinturón
Pasek

las botas
Kozaki

las pantuflas
Pantofle domowe

las zapatillas
Obuwie sportowe

las sandalias
Sandały

los zapatos
Buty

las botas de goma
Kalosze

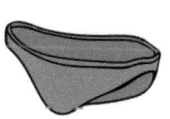

la ropa interior
Majtki

el corpiño
Biustonosz

el chaleco
Podkoszulek

el body
Body

los pantalones
Spodnie

los jeans
Dżins

la pollera
Spódnica

la blusa
Bluzka

la camisa
Koszula

el pulóver
Pulower

el buzo
Bluza sportowa

el blazer
Marynarka

la campera
Kurtka

el tapado
Płaszcz

el piloto
Płaszcz przeciwdeszczowy

el traje
Kostium

el vestido
Sukienka

el vestido de novia
Suknia ślubna

el traje

Garnitur męski

el camisón

Koszula nocna

el pijama

Piżama

el sari

Sari

el pañuelo para la cabeza

Chusta na głowę

el turbante

Turban

la burka

Burka

el caftán

Kaftan

la abaya

Abaya

el traje de baño

Strój kąpielowy

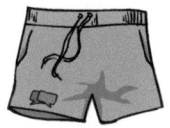

el short de baño

Kąpielówki

los shorts

Krótkie spodnie

el jogging

Dres sportowy

el delantal

Fartuch

los guantes

Rękawiczki

el botón

Guzik

los anteojos

Okulary

la pulsera

Bransoletka

el collar

Łańcuszek

el anillo

Pierścionek

el aro

Kolczyk

la gorra

Czapka

la percha

Wieszak

el sombrero

Kapelusz

la corbata

Krawat

el cierre

Zamek błyskawiczny

el casco

Kask

los tiradores

Szelki

el uniforme escolar

Mundurek szkolny

el uniforme

Mundur

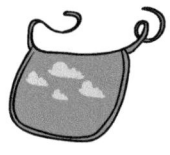

el babero
Śliniaczek

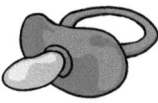

el chupete
Smoczek

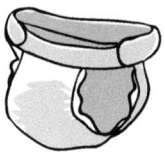

el pañal
Pieluszka

la oficina
Biuro

el servidor
Serwer
el archivero
Szafa na akta
la impresora
Drukarka
el papel
Papier
el monitor
Monitor
el mouse
Mysz
el escritorio
Biurko
la carpeta
Segregator
el teclado
Klawiatura
el tacho (de basura)
Kosz na odpadki
la computadora
Komputer
la silla
Krzesło

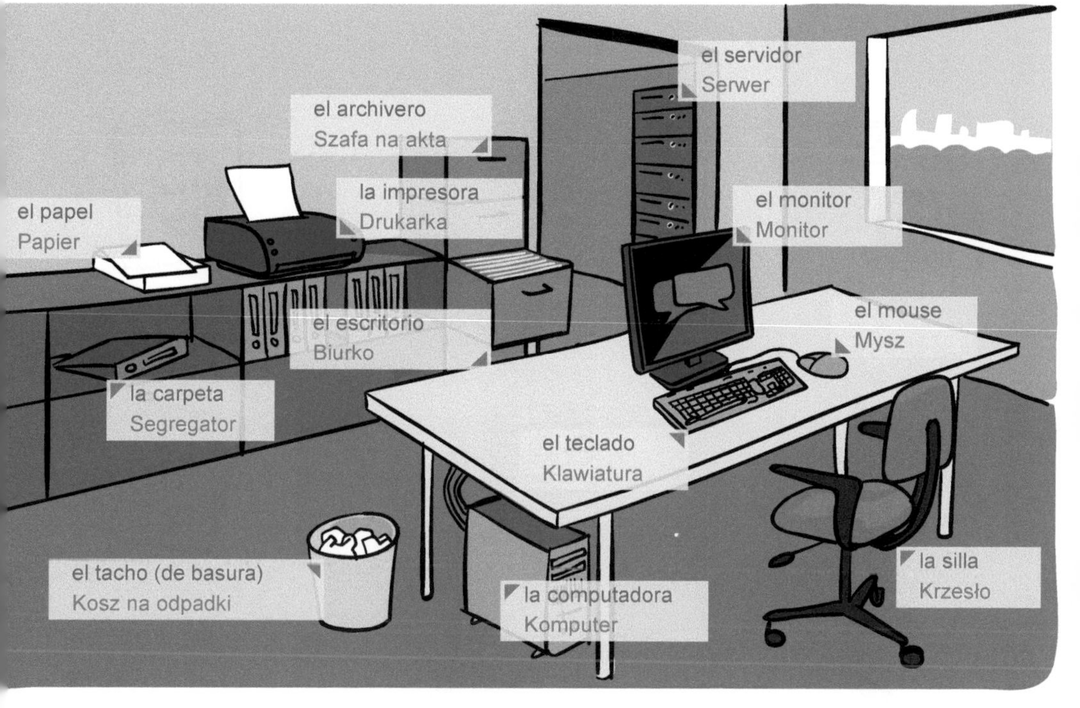

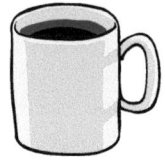

la taza de café
Filiżanka do kawy

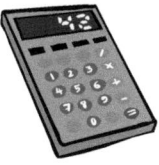

la calculadora
Kalkulator

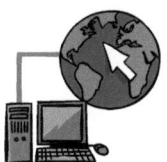

el internet
Internet

la laptop

Laptop

la carta

List

el mensaje

Wiadomość

el celular

Komórka

la red

Sieć

la fotocopiadora

Kopiarka

el software

Oprogramowanie

el teléfono

Telefon

el tomacorriente

Gniazdko

el fax

Faks

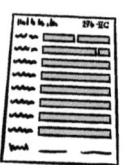

el formulario

Formularz

el documento

Dokument

comprar

kupić

pagar

płacić

hacer negocios

postępować

el dinero

Pieniądze

el dólar

Dolar

el euro

Euro

el yen

Jen

el rublo

Rubel

el franco suizo

Frank

el yuan

Juan Renminbi

la rupia

Rupia

el cajero automático

Bankomat

la casa de cambio

Kantor wymiany walut

el oro

Złoto

la plata

Srebro

el petróleo

Olej

la energía

Energia

el precio

Cena

el contrato

Umowa

el impuesto

Podatek

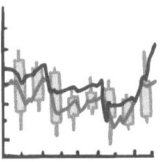

la acción

Akcja

trabajar

pracować

el empleado

Pracownik umysłowy

el empleador

Pracodawca

la fábrica

Fabryka

el negocio

Sklep

las ocupaciones
Zawody

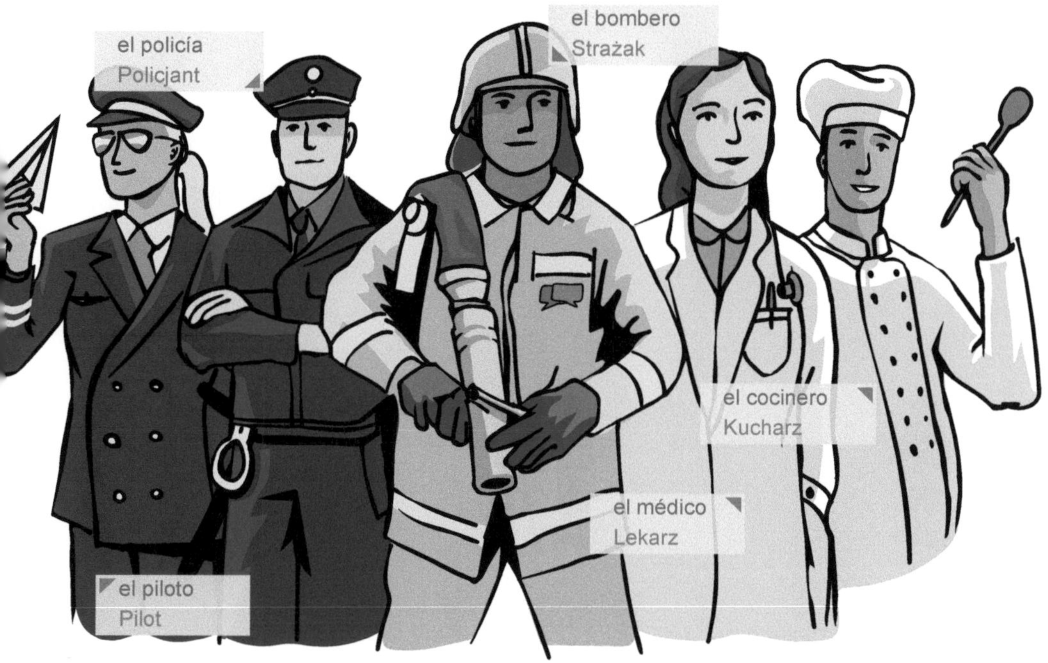
el policía
Policjant
el bombero
Strażak
el cocinero
Kucharz
el médico
Lekarz
el piloto
Pilot

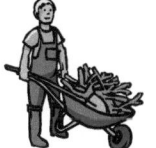

el jardinero

Ogrodnik

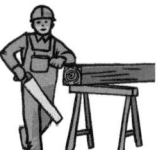

el carpintero

Stolarz

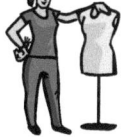

la modista

Krawcowa

el juez

Sędzia

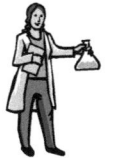

el farmacéutico

Chemik

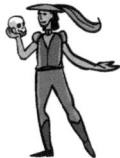

el actor

Aktor

el colectivero

Kierowca autobusu

el taxista

Taksówkarz

el pescador

Fischer

la mucama

Sprzątaczka

el techista

Dekarz

el mozo

Kelner

el cazador

Myśliwy

el pintor

Malarz

el panadero

Piekarz

el electricista

Elektryk

el albañil

Robotnik budowlany

el ingeniero

Inżynier

el carnicero

Rzeźnik

el plomero

Instalator

el cartero

Listonosz

el soldado

Żołnierz

el arquitecto

Architekt

el cajero

Kasjer

el florista

Florysta

el peluquero

Fryzjer

el cobrador

Konduktor

el mecánico

Mechanik

el capitán

Kapitan

el dentista

Dentysta

el científico

Naukowiec

el rabino

Rabin

el imán

Imam

el monje

Mnich

el sacerdote

Proboszcz

las herramientas
Narzędzia

el martillo
Młotek
la tenaza
Szczypce
el destornillador
Wkrętak
la linterna
Latarka
la llave
Klucz do śrub

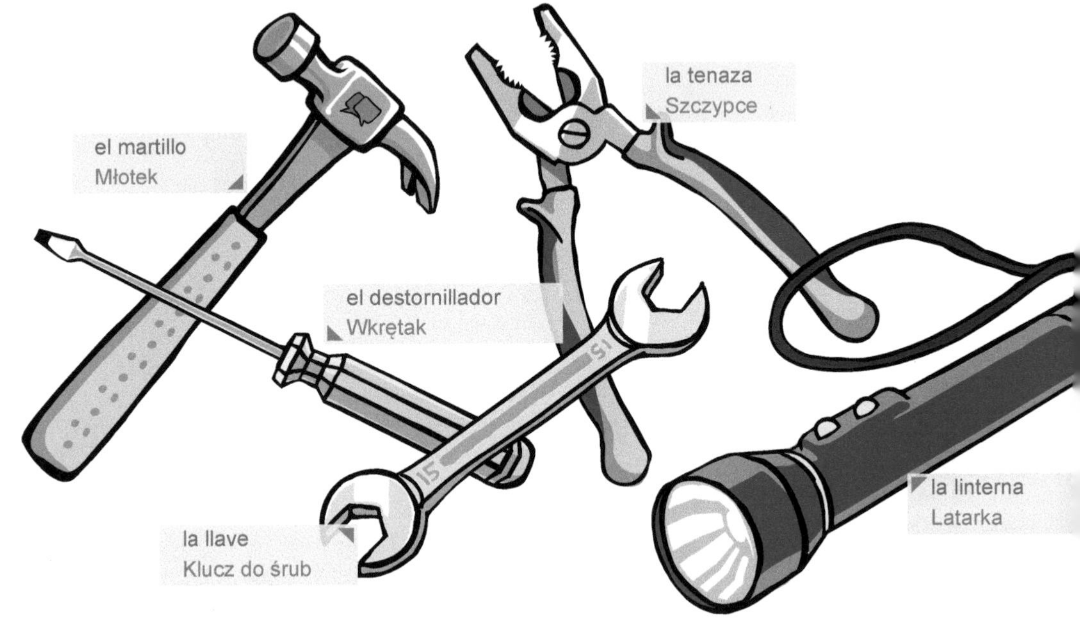

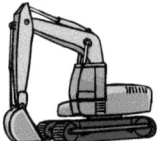

la excavadora

Koparka

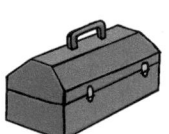

la caja de herramientas

Skrzynka narzędziowa

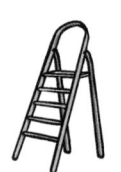

la escalera portátil

Drabina

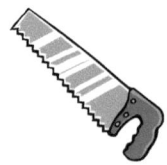

la sierra

Piła

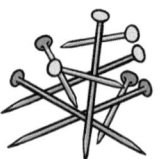

los clavos

Gwoździe

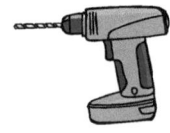

el taladro

Wiertło

arreglar

naprawić

la pala de jardín

Łopatka

¡Qué bronca!

Cholera!

la pala de plástico

Szufelka

el tacho de pintura

Puszka z farbą

los tornillos

Śruby

los instrumentos musicales
Instrumenty muzyczne

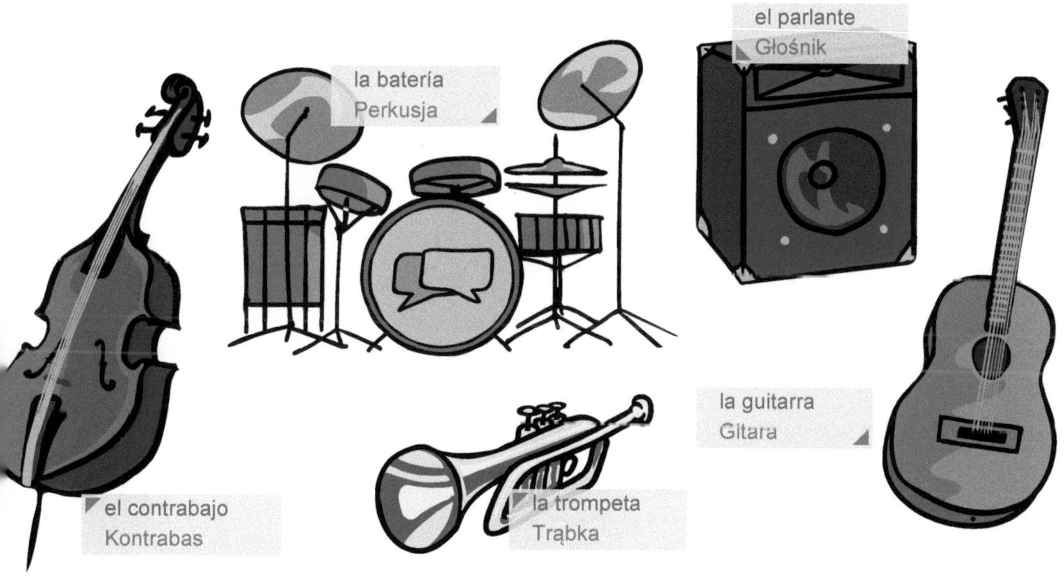

el parlante
Głośnik

la batería
Perkusja

la guitarra
Gitara

el contrabajo
Kontrabas

la trompeta
Trąbka

el piano

Pianino

el violín

Skrzypce

el bajo

Bas

los timbales

Kotły

el tambor

Bęben

el teclado

Keyboard

el saxofón

Saksofon

la flauta

Flet

el micrófono

Mikrofon

los instrumentos musicales - Instrumenty muzyczne

el tigre
Tygrys

la entrada
Wejście

la jaula
Klatka

la cebra
Zebra

el alimento para animales
Pasza

el oso panda
Panda

los animales

Zwierzęta

el elefante

Słoń

el canguro

Kangur

el rinoceronte

Nosorożec

el gorila

Goryl

el oso

Niedźwiedź

el camello

Wielbłąd

el avestruz

Struś

el león

Lew

el mono

Małpa

el flamenco

Fleming

el loro

Papuga

el oso polar

Niedźwiedź polarny

el pingüino

Pingwin

el tiburón

Rekin

el pavo real

Paw

la serpiente

Wąż

el cocodrilo

Krokodyl

el cuidador del zoológico

Dozorca w zoo

la foca

Foka

el jaguar

Jaguar

el poni

Kucyk

el leopardo

Gepard

el hipopótamo

Hipopotam

la jirafa

Żyrafa

el águila

Orzeł

el jabalí

Dzik

el pescado

Ryba

la tortuga

Żółw

la morsa

Mors

el zorro

Lis

la gacela

Gazela

el fútbol americano
Futbol amerykański

el ciclismo
Kolarstwo

el tenis
Tenis

el básquet
Koszykówka

la natación
Pływanie

el boxeo
Boks

el hockey sobre hielo
Hokej na lodzie

el fútbol
....
Piłka nożna

el bádminton
....
Badminton

el atletismo
....
Lekka atletyka

el handball
....
Piłka ręczna

el esquí
....
Narciarstwo

el polo
....
Polo

las actividades

Działania

reír
śmiać się
saltar
skakać
abrazar
objąć
caminar
iść
cantar
śpiewać
soñar
marzyć
rezar
modlić się
besar
całować

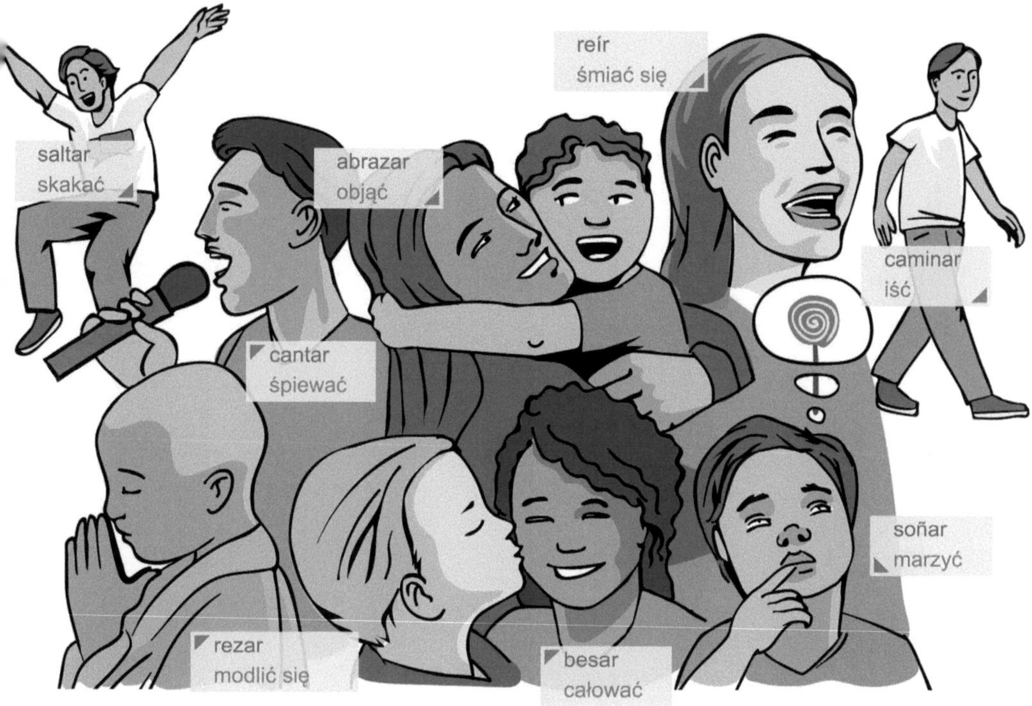

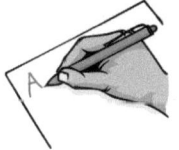

escribir

pisać

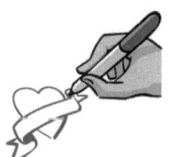

dibujar

rysować

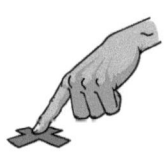

mostrar

pokazywać

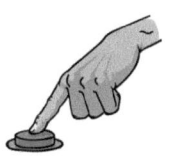

presionar

nacisnąć

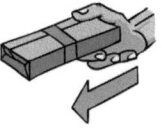

dar

dać

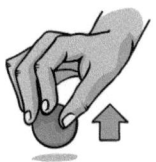

tomar

wziąć

tener
....
mieć

hacer
....
robić

ser
....
być

estar parado
....
stać

correr
....
biegać

tirar
....
ciągnąć

tirar
....
rzucać

caer
....
spaść

estar acostado
....
leżeć

esperar
....
czekać

llevar
....
nosić

estar sentado
....
siedzieć

vestirse
....
zakładać

dormir
....
spać

despertar
....
budzić się

mirar

spojrzeć

llorar

płakać

acariciar

głaskać

peinar

czesać się

hablar

mówić

entender

rozumieć

preguntar

pytać

escuchar

słyszeć

beber

pić

comer

jeść

ordenar

sprzątać

amar

kochać

cocinar

gotować

manejar

jechać

volar

latać

navegar

żeglować

calcular

liczyć

leer

czytać

aprender

uczyć się

trabajar

pracować

casarse

wejść w związek małżeński

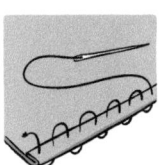

coser

szyć

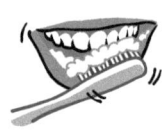

cepillarse los dientes

myć zęby

matar

zabić

fumar

palić tytoń

enviar

wysłać

la familia
Rodzina

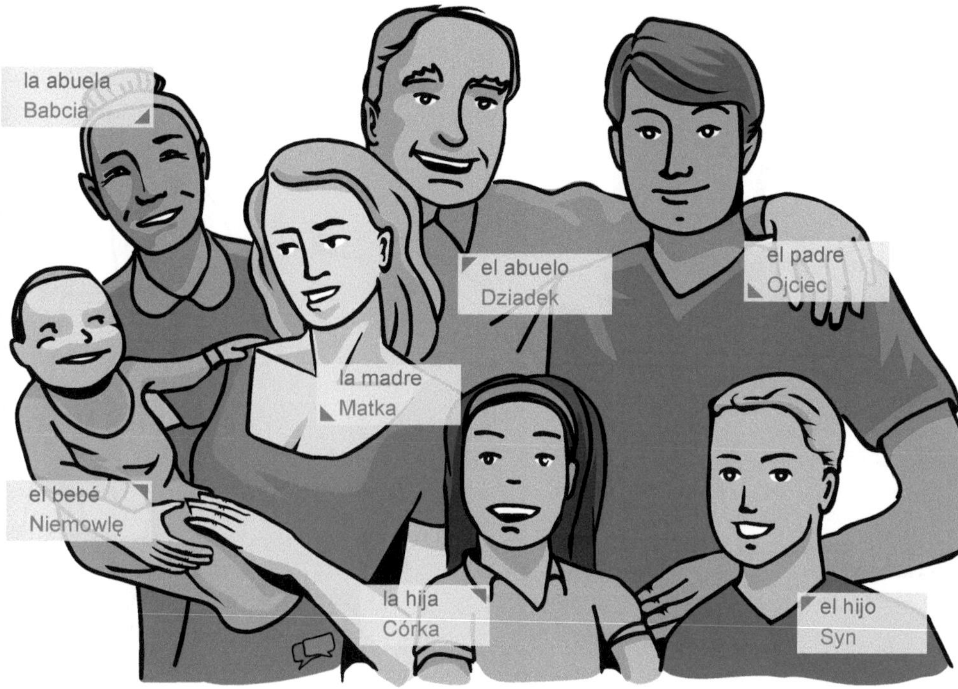
la abuela
Babcia
el abuelo
Dziadek
el padre
Ojciec
la madre
Matka
el bebé
Niemowlę
la hija
Córka
el hijo
Syn

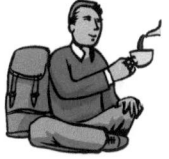

el invitado

Gość

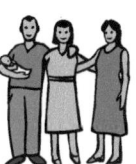

la tía

Ciotka

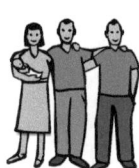

el tío

Wujek

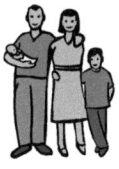

el hermano

Brat

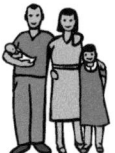

la hermana

Siostra

el cuerpo
Ciało

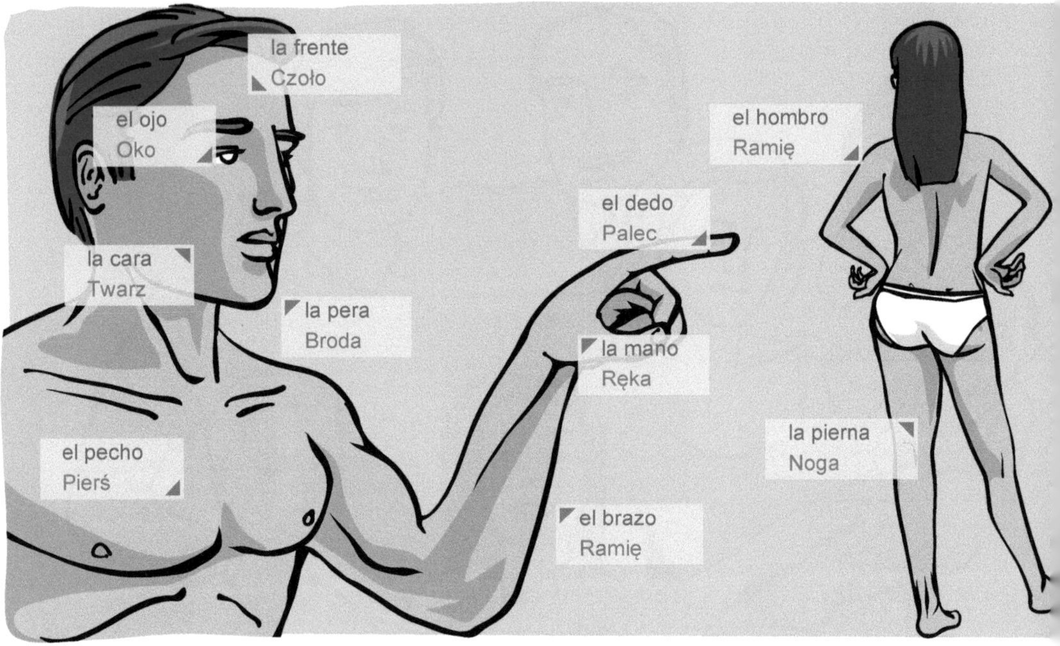
la frente
Czoło
el ojo
Oko
el hombro
Ramię
el dedo
Palec
la cara
Twarz
la pera
Broda
la mano
Ręka
la pierna
Noga
el pecho
Pierś
el brazo
Ramię

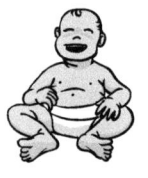

el bebé

Niemowlę

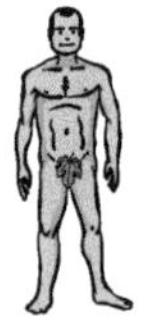

el hombre

Mężczyzna

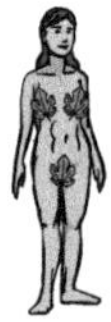

la mujer

Kobieta

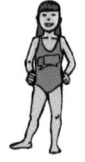

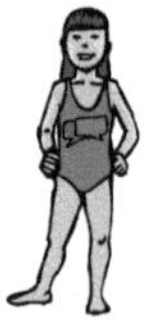

la nena

Dziewczyna

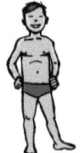

el nene

Chłopiec

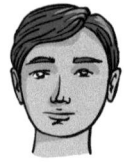

la cabeza

Głowa

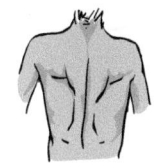

la espalda

Plecy

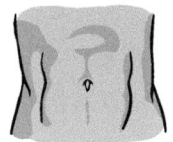

la panza

Brzuch

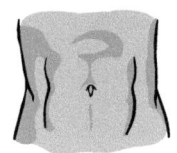

el ombligo

Pępek

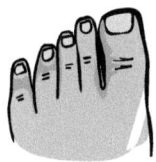

el dedo del pie

palec nogi

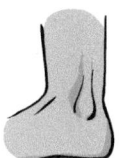

el talón

Pięta

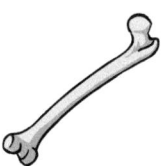

el hueso

Kość

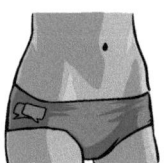

la cadera

Biodro

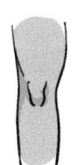

la rodilla

Kolano

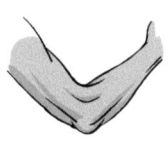

el codo

Łokieć

la nariz

Nos

la cola

Pośladki

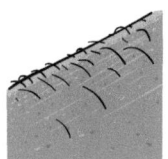

la piel

Skóra

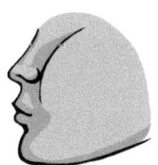

el cachete

Policzek

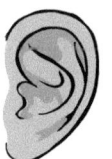

la oreja

Uszy

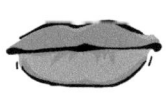

el labio

Warga

la boca

Usta

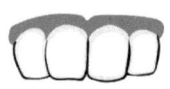

el diente

Ząb

la lengua

Język

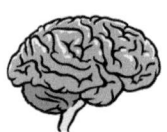

el cerebro

Mózg

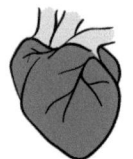

el corazón

Serce

el músculo

Mięsień

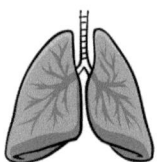

el pulmón

Płuca

el hígado

Wątroba

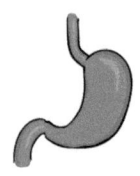

el estómago

Żołądek

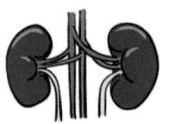

los riñones

Nerki

el sexo

Stosunek płciowy

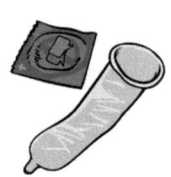

el preservativo

Kondom

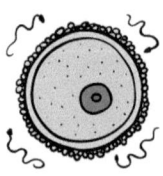

el óvulo

Komórka jajowa

el semen

Sperma

el embarazo

Ciąża

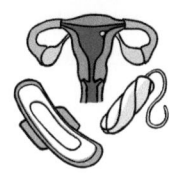

la menstruación

Menstruacja

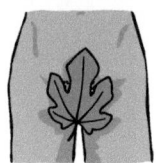

la vagina

Wagina

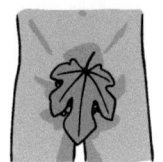

el pene

Penis

la ceja

Brew

el pelo

Włosy

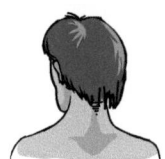

el cuello

Szyja

el hospital
Szpital

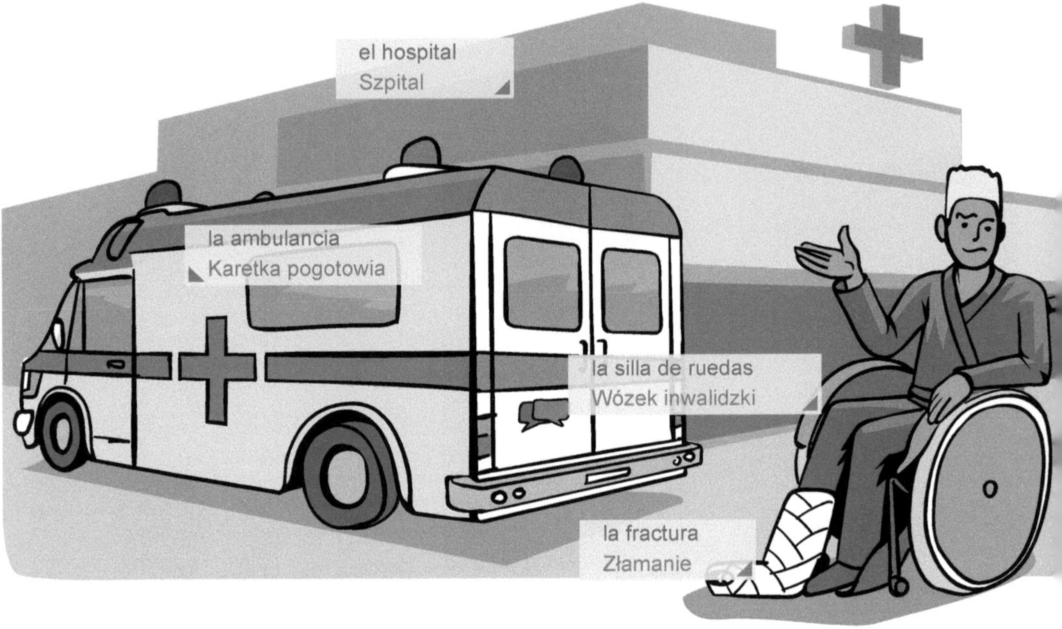

el hospital
Szpital
la ambulancia
Karetka pogotowia
la silla de ruedas
Wózek inwalidzki
la fractura
Złamanie

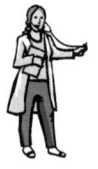

el médico

Lekarz

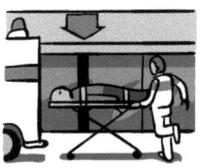

la sala de guardia

Izba przyjęć

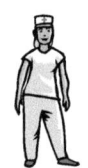

la enfermera

Pielęgniarka

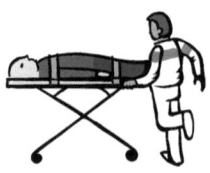

la emergencia

Nagły przypadek

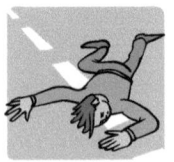

inconsciente

nieprzytomny

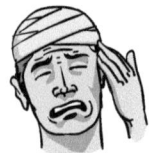

el dolor

Ból

la lesión

Skaleczenie

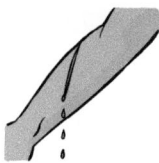

la hemorragia

Krwawienie

el infarto

Zawał serca

el ACV

Udar mózgu

la alergia

Alergia

la tos

Kaszleć

la fiebre

Gorączka

la gripe

Grypa

la diarrea

Biegunka

el dolor de cabeza

Ból głowy

el cáncer

Rak

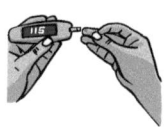

la diabetes

Cukrzyca

el cirujano

Chirurg

el bisturí

Skalpel

la operación

Operacja

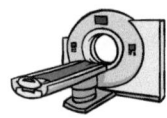

la TC

CT

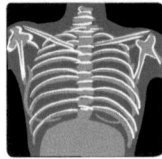

los rayos x

Rentgen

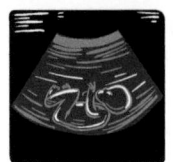

la ecografía

Ultradźwięki

el barbijo

Maska

la enfermedad

Choroba

la sala de espera

Poczekalnia

la muleta

Kula

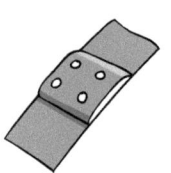

la curita

Plaster

la venda

Opatrunek

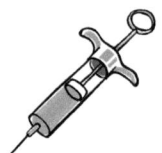

la inyección

Iniekcja

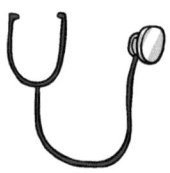

el estetoscopio

Stetoskop

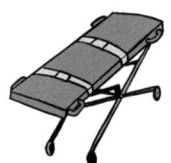

la camilla

Nosze

el termómetro

Termometr

el nacimiento

Poród

el sobrepeso

Nadwaga

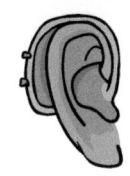

el audífono

Aparat słuchowy

el desinfectante

Środek dezynfekcyjny

la infección

Infekcja

el virus

Wirus

el VIH / SIDA

HIV / AIDS

el remedio

Medycyna

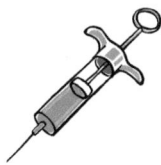

la vacunación

Szczepienie

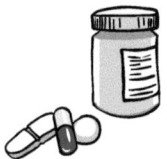

los comprimidos

Tabletki

la pastilla anticonceptiva

Pigułka

llamada de emergencia

Telefon ratunkowy

el tensiómetro

Ciśnieniomierz krwi

enfermo / sano

chory / zdrowy

¡Ayuda!

Pomocy!

la alarma

Alarm

la agresión

Napad

el ataque

Atak

el peligro

Niebezpieczeństwo

la salida de emergencia

Wyjście awaryjne

¡Fuego!

Pożar!

el matafuego

Gaśnica

el accidente

Wypadek

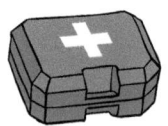

el botiquín de primeros
auxilios

Walizeczka pierwszej
pomocy

el SOS

SOS

la policía

Policja

Europa

Europa

América del Norte

Ameryka Północna

América del Sur

Ameryka Południowa

África

Afryka

Asia

Azja

Australia

Australia

el Atlántico

Atlantyk

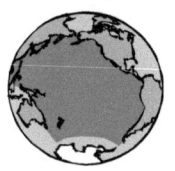

el Pacífico

Pacyfik

el Océano Índico

Ocean Indyjski

el Océano Antártico

Ocean Antarktyczny

el Océano Ártico

Ocean Arktyczny

el polo norte

Biegun północny

el polo sur

Biegun południowy

la Antártida

Antarktyda

la Tierra

Ziemia

la tierra

Kraj

el mar

Morze

la isla

Wyspa

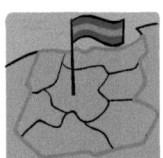

la nación

Naród

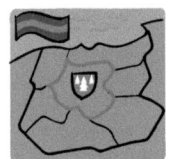

el estado

Państwo

la esfera

Cyferblat

la manecilla de las horas

Wskazówka godzinowa

el minutero

Wskazówka minutowa

el segundero

Wskazówka sekundowa

¿Qué hora es?

Która godzina?

el día

Dzień

la hora

Czas

ahora

teraz

el reloj digital

Zegarek digitalny

el minuto

Minuta

la hora

Godzina

la semana
Tydzień

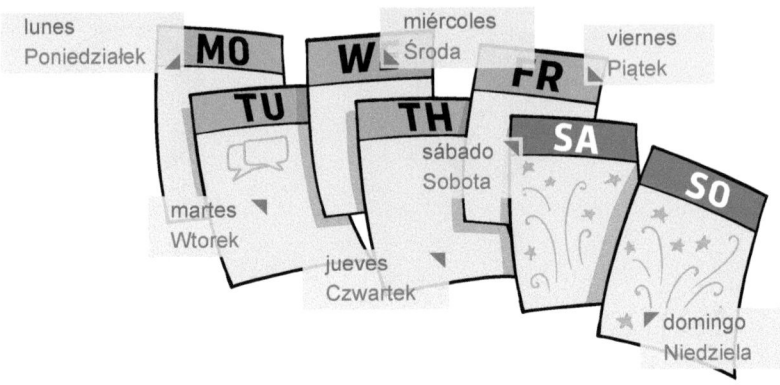

lunes
Poniedziałek

MO

martes
Wtorek

TU

miércoles
Środa

W

jueves
Czwartek

TH

viernes
Piątek

FR

sábado
Sobota

SA

domingo
Niedziela

SO

ayer
wczoraj

hoy
dzisiaj

mañana
jutro

la mañana
Rano

el mediodía
Południe

la tarde
Wieczór

los días hábiles
Dni robocze

el fin de semana
Weekend

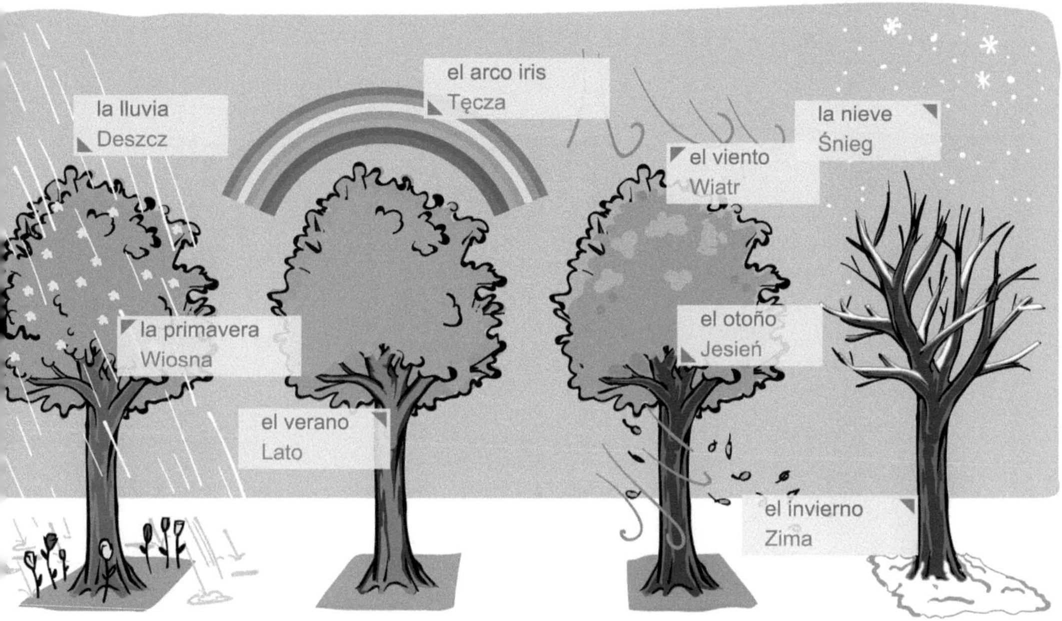

la lluvia
Deszcz
el arco iris
Tęcza
la nieve
Śnieg
el viento
Wiatr
la primavera
Wiosna
el otoño
Jesień
el verano
Lato
el invierno
Zima

4.APRIL 11°
5.APRIL 4°
6.APRIL 13°
7.APRIL 8°
8.APRIL 10°

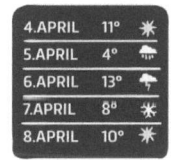

pronóstico meteorológico

Prognoza pogody

F C
120 40
90 30
60 20
30 10
0 0
-30 -10
-20

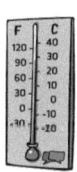

el termómetro

Termometr

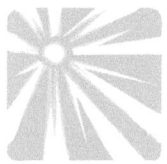

la luz del sol

Światło słoneczne

la nube

Chmura

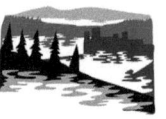

la niebla

Mgła

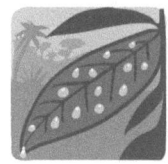

la humedad

Wilgotność powietrza

el rayo

Błyskawica

el trueno

Grzmot

la tormenta

Sztorm

el granizo

Grad

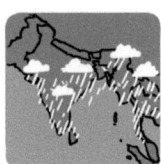

el monzón

Monsun

la inundación

Potop

el hielo

Lód

enero

Styczeń

febrero

Luty

marzo

Marzec

abril

Kwiecień

mayo

Maj

junio

Czerwiec

julio

Lipiec

agosto

Sierpień

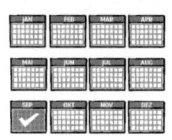

septiembre

Wrzesień

octubre

Październik

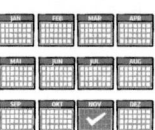

noviembre

Listopad

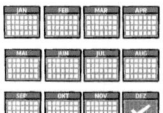

diciembre

Grudzień

las formas

Kształty

el círculo

Koło

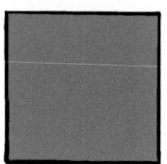

el cuadrado

Kwadrat

el rectángulo

Prostokąt

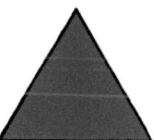

el triángulo

Trójkąt

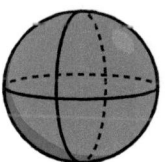

la esfera

Kula

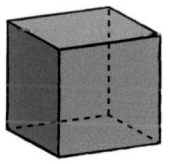

el cubo

Sześcian

blanco
....
biały

amarillo
....
żółty

naranja
....
pomarańczowy

rosa
....
różowy

rojo
....
czerwony

violeta
....
liliowy

azul
....
niebieski

verde
....
zielony

marrón
....
brązowy

gris
....
szary

negro
....
czarny

mucho / poco

dużo / mało

enojado / tranquilo

wściekły / spokojny

lindo / feo

piękny / brzydki

el principio / el fin

początek / koniec

grande / chico

duży / mały

claro / oscuro

jasny / ciemny

el hermano / la hermana

brat / siostra

limpio / sucio

czysty / brudny

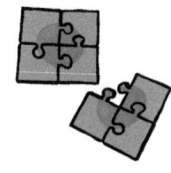

completo / incompleto

kompletny / niekompletny

el día / la noche

dzień / noc

muerto / vivo

umarły / żywy

ancho / angosto

szeroki / wąski

comestible / no comestible

jadalny / niejadalny

malo / amable

zły / uprzejmy

entusiasmado / aburrido

podniecony / znudzony

gordo / flaco

gruby / chudy

primero / último

najpierw / na końcu

el amigo / el enemigo

przyjaciel / wróg

lleno / vacío

pełen / pusty

duro / blando

twardy / miękki

pesado / liviano

ciężki / lekki

el hambre / la sed

głód / pragnienie

enfermo / sano

chory / zdrowy

ilegal / legal

nielegalny / legalny

inteligente / estúpido

inteligentny / głupi

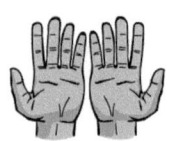

izquierda / derecha

lewo / prawo

cerca / lejos

bliski / daleki

nuevo / usado
....
nowy / używany

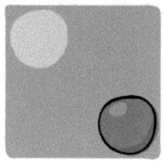

nada / algo
....
nic / coś

viejo / joven
....
stary / młody

encendido / apagado
....
włącz / wyłącz

abierto / cerrado
....
otwarty / zamknięty

silencioso / ruidoso
....
cichy / głośny

rico / pobre
....
bogaty / biedny

correcto / incorrecto
....
prawidłowy / błędny

áspero / suave
....
chropowaty / gładki

triste / contento
....
smutny / szczęśliwy

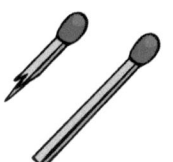

corto / largo
....
krótki / długi

lento / rápido
....
powolny / szybki

mojado / seco
....
mokry/suchy

caliente / frío
....
ciepły / chłodny

guerra / paz
....
wojna / pokój

0

cero

zero

1

uno

jeden

2

dos

dwa

3

tres

trzy

4

cuatro

cztery

5

cinco

pięć

6

seis

sześć

7

siete

siedem

8

ocho

osiem

9

nueve

dziewięć

10

diez

dziesięć

11

once

jedenaście

12

doce

dwanaście

13

trece

trzynaście

14

catorce

czternaście

15

quince

piętnaście

16

dieciséis

szesnaście

17

diecisiete

siedemnaście

18

dieciocho

osiemnaście

19

diecinueve

dziewiętnaście

20

veinte

dwadzieścia

100

cien

sto

1.000

mil

tysiąc

1.000.000

el millón

milion

los idiomas

Języki

el inglés
Angielski

el inglés americano
Angielski amerykański

el chino mandarín
Chiński mandaryński

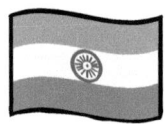

el hindi
Hindi

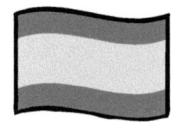

el español
Hiszpański

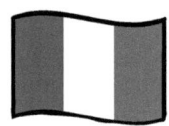

el francés
Francuski

el árabe
Arabski

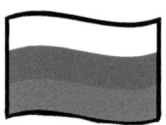

el ruso
Rosyjski

el portugués
Portugalski

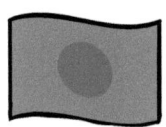

el bengalí
Bengalski

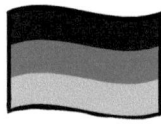

el alemán
Niemiecki

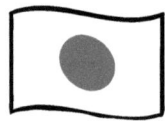

el japonés
Japoński

yo

ja

vos

ty

él / ella

on / ona / ono

nosotros

my

ustedes

wy

ellos

oni

¿quién?

kto?

¿qué?

co?

¿cómo?

jak?

¿dónde?

gdzie?

¿cuándo?

kiedy?

el nombre

Nazwisko

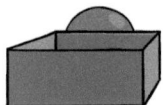

detrás

za

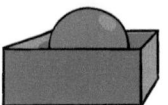

en

w

adelante de

przed

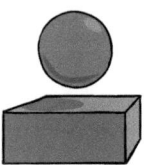

por encima de

powyżej

sobre

na

debajo de

pod

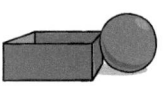

al lado de

obok

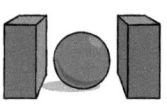

entre

między

el lugar

Miejsce